アン・サール=著
宮本聡介・渡邊真由美=訳

# 心理学研究法入門

新曜社

INTRODUCING RESEARCH AND DATA IN PSYCHOLOGY
by Ann Searle

Copyright © 1999 by Ann Searle
All Rights Reserved. Authorized translation from English language
edition published by Routledge, a member of the Taylor & Francis Group.
Japanese translation published by arrangement with
Taylor & Francis Books Ltd through The English Agency (Japan) Ltd.

# はじめに

　心理学を勉強しようと思ったとき，方法論や統計を勉強しなくてはならないと知っていた人は少ないだろう。方法論や統計を勉強しなくてはならないとわかったとき，いやだなあと思ったり，そのことにショックを受けた人もいるかもしれない。

　この本では，なぜ心理学ではこの領域が重視されているのかを述べるというより，ショックを受けた人たちも乗り越えていけるように，手助けをしたい。私も学生のころ，統計の先生が授業中に話したことがチンプンカンプンで，まったく理解できなかったことをよく覚えている。しかし，ちょっと親切な指導を受けてからは，この学問を楽しむことができるようになった。

　読者が，心理学とは行動や経験を理解する学問のはずではないか，と考えているなら，まったく正しい。その点は，決して忘れないでほしい。たしかに心理学研究者のなかには，**変数**の測定やバリバリ計算することにばかり熱心で，そもそも最初に心理学に関心をもつにいたらせたであろうこと，つまり行動を理解することをすっかり忘れているように見える人もいるのは確かだ。しかし心理学が「常識」的な議論を超えて進歩していくためには，よくデザインされた研究を行い，注意深く結果を記録・分析し，誰にでも明確にわかるようにその発見を提示しなくてはならない。

　この本の目的は，誰もがそのようにできるよう手助けすることであり，同時に，研究をデザインし，データを分析するのは，面白いし役

に立つ技能なのだということを理解していただくことである。実際，新聞やテレビなどで見聞きする研究の質を評価する能力は，すべての大人がもつべきだと言えるだろう。

　なお，

・太字の用語については，巻末の用語解説に説明がある。
・練習問題の解答を付録につけた。

本書が読者に役立つことを願いつつ。

# 目 次

はじめに　　　　　　　　　　　　　　　　　　　　　　　　　i

## セクション1　リサーチ・クエスチョンと仮説 ── 1

準　備　　　　　　　　　　　　　　　　　　　　　　　　1
心理学の説明と一般常識の説明　　　　　　　　　　　　　2
リサーチ・クエスチョンの選択と目的，仮説　　　　　　　4
仮　説　　　　　　　　　　　　　　　　　　　　　　　　5
　レポートを書くとき，対立仮説と帰無仮説
　　のどちらを書けばよいか　　　　　　　　　　　　　　6
　仮説を述べるにあたってのポイント　　　　　　　　　　7
　他の例　　　　　　　　　　　　　　　　　　　　　　　8
　どうして3つもの仮説があるのか　　　　　　　　　　　9
　方向性仮説と非方向性仮説　　　　　　　　　　　　　　9
独立変数と従属変数　　　　　　　　　　　　　　　　　　12

## セクション2　実験的方法と非実験的方法 ── 15

準　備　　　　　　　　　　　　　　　　　　　　　　　　15
実験法　　　　　　　　　　　　　　　　　　　　　　　　16
　実験室実験　　　　　　　　　　　　　　　　　　　　　17
　フィールド実験　　　　　　　　　　　　　　　　　　　19
自然実験と準実験　　　　　　　　　　　　　　　　　　　21

|  |  |
|---|---|
| 自然実験 | 21 |
| 準実験 | 22 |

## 非実験的方法　25
## 観察法　25

|  |  |
|---|---|
| 自然観察 | 29 |
| 参加（参与）観察 | 30 |
| 統制された観察（実験的観察） | 32 |
| 観察研究から得られたデータの記録と解釈 | 33 |

## 内容分析　35
## 事例（ケース）研究　37

|  |  |
|---|---|
| 事例研究を行なう | 40 |

## インタビュー（面接）　40
## 相関的方法　44

|  |  |
|---|---|
| 相関的な方法の一般的な利用法 | 46 |

## 質的研究法と量的研究法　49

# セクション3　研究デザイン ——— 53

## 研究で用いられる実験デザイン　53
## それぞれの実験デザインの長所と短所　55

|  |  |
|---|---|
| 独立群デザイン | 56 |
| 反復測定デザイン | 57 |
| マッチドペアデザイン | 58 |
| 単一参加者デザイン | 59 |

## 発達心理学の研究に用いられる実験デザイン　59

|  |  |
|---|---|
| 縦断的研究 | 60 |
| 横断的研究 | 61 |
| コーホート研究 | 62 |

## セクション4　サンプリング法 ───── 65

### サンプリング（標本抽出）　65
#### サンプル選択の方法　66
#### サンプルサイズ　71

## セクション5　実験のバイアス ───── 75

### 社会的状況としての実験　75
#### 実験者バイアス　76
#### 参加者の期待と要求特性　77
### バイアスを抑える　81

## セクション6　信頼性と妥当性 ───── 83

### 信頼性　83
#### 信頼性を測定する方法　83
### 妥当性　85
#### 内的妥当性　85
#### 外的妥当性　86
#### テスト妥当性　87

## セクション7　実験の統制 ───── 91

### 統制変数　91
#### 研究手続きの標準化　92
### カウンターバランス化　92
### 交絡変数　94
#### 恒常誤差　94
#### ランダム誤差（確率誤差）　95

## セクション8　文化的バイアスと研究倫理 ─── 97

- 民族中心バイアス，文化的バイアス，
  - 男性中心バイアス　97
- 研究における倫理的問題　99
  - 偽装（欺き）のジレンマ　102
  - 動物研究について　104

## セクション9　**記述統計** ─── 105

- レポートでデータを提示する方法　105
- 表　106
- グラフ　107
  - 折れ線グラフ　108
  - ヒストグラムと棒グラフ　111
  - 円グラフ　114
  - 茎葉図　116
  - 箱ひげ図　117
  - 散布図　120
  - 相関係数　125
- 代表値の尺度　127
  - 平均（算術平均）　128
  - 中央値（メディアン）　129
  - 最頻値（モード）　130
- 分布曲線　132
  - 正規分布　132
  - 歪んだ分布　134
  - 二峰分布　136
- 散らばり具合・ばらつきの指標　137
  - 範囲（レンジ）　138

|  |  |  |
|---|---|---|
|  | 四分位範囲 | 139 |
|  | 分 散 | 139 |
|  | 標準偏差（SD） | 140 |
| **標準得点と$Z$得点** |  | 147 |

## セクション10　尺　度 ——————————— 149

| 尺　度 |  | 149 |
|---|---|---|
|  | 名義レベルのデータ | 150 |
|  | 順序レベルのデータ | 150 |
|  | 間隔レベルのデータ | 151 |
|  | 比例レベルのデータ | 152 |
| **尺度レベルに関する知識がなぜ重要なのか** |  | 152 |

## セクション11　推測統計の種類 ——————————— 157

| 統計的推論 |  | 157 |
|---|---|---|
| **統計的検定の種類** |  | 158 |
|  | パラメトリック検定とノンパラメトリック検定の使い分け方 | 159 |
|  | パラメトリック検定 | 160 |
|  | ノンパラメトリック検定 | 163 |
|  | 検定の選択 | 164 |
|  | 2つのグループの得点差の検定 | 165 |
|  | 相関の検定 | 166 |
| **まとめ** |  | 167 |

## セクション12　いろいろな検定法 ——————————— 169

| 名義レベルデータの検定 |  | 169 |
|---|---|---|
|  | $\chi^2$検定 | 169 |
|  | $\chi^2$検定を使うことをめぐる論争 | 175 |

|  |  |
|---|---|
| サイン検定（符号検定） | 178 |
| **順序レベルデータのための2つの検定法** | 181 |
| 順位付け | 181 |
| マン - ホイットニーの$U$検定 | 184 |
| ウィルコクスンの符号付順位検定 | 187 |
| **パラメトリック検定の条件を満たす2つの検定** | 190 |
| 対応のないデータの$t$検定 | 190 |
| 対応のあるデータの$t$検定 | 194 |
| **相関の検定** | 197 |
| スピアマンの順位相関係数 | 197 |
| ピアソンの積率相関係数 | 200 |

## セクション13　検定結果の解釈 ── 205

|  |  |
|---|---|
| **統計的検定の結果の解釈** | 205 |
| 有意水準がどれくらいなら対立仮説を採択できるのか | 207 |
| **タイプⅠエラーとタイプⅡエラー** | 209 |
| 研究の中のどの時点で，どの程度の有意水準を設定したらよいだろうか | 210 |
| **まとめ** | 212 |

## セクション14　質的データの扱い方 ── 213

|  |  |
|---|---|
| **質的データの解釈** | 213 |
| 信頼性と妥当性 | 216 |
| **観察研究の解釈** | 218 |
| 内容分析 | 221 |
| 談話分析 | 221 |
| **インタビューの解釈** | 222 |
| **事例（ケース）研究の解釈** | 223 |

| | | |
|---|---|---|
| | まとめ | 224 |

## セクション15 研究レポートの書き方 ——— 225

| | | |
|---|---|---|
| レポートを書く | | 225 |
| | タイトル | 226 |
| | 要　約 | 226 |
| | 序（序論，問題） | 226 |
| | 方　法 | 227 |
| | 結　果 | 228 |
| | 結果の処理 | 228 |
| | 考　察 | 229 |
| | 結　論 | 229 |
| | 参考文献 | 229 |
| | 付　録 | 230 |

訳者あとがき　　　　　　　　　　　　　　　　　　　231

## 付録　各種検定の棄却限界値表　　　　　　　　233

| | | |
|---|---|---|
| 付表1 | $\chi^2$ の棄却限界値 | 234 |
| 付表2 | サイン検定の棄却限界値 | 236 |
| 付表3 | 各確率レベルにおける，$U$ の棄却限界値（マン・ホイットニー） | 237 |
| 付表4 | 各確率レベルにおける，$W$ の棄却限界値（ウィルコクスン） | 241 |
| 付表5 | 各確率レベルにおける，$t$ の棄却限界値（$t$ 検定） | 242 |
| 付表6 | スピアマンの $r_s$ の棄却限界値 | 244 |
| 付表7 | ピアソンの $r$ の棄却限界値 | 246 |

| | |
|---|---:|
| **用語解説** | 248 |
| **練習問題の解答** | 259 |
| 文　献 | 271 |
| 索　引 | 275 |

装幀＝加藤俊二

## セクション 1
# リサーチ・クエスチョンと仮説

◆以下についての概説
　質的データと量的データ
　科学的方法
◆リサーチ・クエスチョン，目的，仮説の選択
◆仮説について
　仮説の形式
　仮説のワーディング〔言い回し〕
　研究仮説，実験仮説，帰無仮説
　なぜ帰無仮説をたてるのか
　方向性仮説と非方向性仮説
◆独立変数と従属変数

◆──── 準　備

　前に付き合っていた彼女は，なぜ今あんなダメ男と付き合っているのだろうか。どうして私の友人は，あの映画を5回も見に行ったのだろうか。このように，私たちは毎日の生活の中で，他者の行動について思いをめぐらせている。また，エッフェル塔から落ちたあの夢は何を意味していたんだろうかとか，どうして試験場では答を思い出せなかったのに，会場を出たとたんに浮かんできたんだろう，というように，私たちは自分自身の行動についても理解したいと思っている。

　日常生活であれこれ思いめぐらすことと，心理学的に研究することとは，何が違うのだろうか。心理学では，質的なデータや量的なデータを収集するために体系的な研究を行い，答えを見出そうとするところが，日常生活で思いをめぐらすことと大きく違う。**量的データ**は，

数を基礎とした**変数**を測定することである。たとえば，バードウォッチャーが庭にやって来る鳥の数を数えるのは，量的データを収集することにあたる。一方，**質的データ**は，経験に伴う解釈や意味を重視する。バードウォッチャーの例では，たとえば鳥を観察している時に感じられる喜びについて記述することになるだろう。

◆───心理学の説明と一般常識の説明

　毎日の生活では，私たちの推察は，限られた範囲の人たちについての限られた範囲の行動の観察にもとづいている。私たち自身の経験は，ある特定の文化やサブカルチャーに限定されているだろう。又聞きした情報やバイアス（偏った見方）のある観察，**主観的**な判断をもとに推測することもよくある。心理学が一般常識の説明レベルを超えた理解を目指すなら，よりよい，体系的な方法を用いなければならない。

> 心理学のいろいろな領域を勉強すると，必ずしもすべての心理学研究がこれらの基準を満たしているわけではないことがわかるだろう（詳細はセクション7参照）。
> 　研究法を学ぶことは，ほかの研究の長所や，短所，偏りを見つけるための技能を身に付けることにもなる。

### 練習問題　1
　以下の例は，質的データと量的データのどちらを生み出すことになるか答えなさい。
1．小屋の中に何匹の子猫がいるか数えること。
2．「ねぇ，かわいいと思わない？」とあなたが言った。「わたし猫だめなのよ。」と友人が言った。
3．あなたが，私にテレビ番組の感想を尋ねた。

4．人気ドラマの中で，重要な役を演じている男優，女優が何人いるか数えた。

　学問としての心理学は，**科学的方法**（scientific method）を用いることを重視している。これは自然科学（たとえば生物学など）で主に用いられている研究モデルである。
　科学的方法には，次のような要件がある。

- **客観的**な観察，あるいは先行の研究にもとづき……
- 検証可能な**仮説**に立ち……
- よくデザイン（計画）された研究によって評価され……
- 量的データを収集し……
- 別の人が検証し，同じことを繰り返し，発見を拡張できるように結果が報告される。

　最近，心理学の分野では，量的データの収集に完全に依存することへの批判が高まっている。**事例研究**のような質的方法もずっと心理学の一部だったのだが，「本当」の研究の補足資料だとみなされがちだった。しかし最近，特に社会的な問題を扱う心理学の領域では，個人個人の経験と，状況についての解釈を考察する質的データを扱う方法が，単にそのような状況で人々がどのようにふるまうかを測定する方法よりも頻繁に使われるようになってきている。

### 練習問題 2
　日常生活の中で行動を観察することで不備が生じる理由を，4つ指摘しなさい。

　どんな調査方法を用いるにしても，研究は次のような手順に従う。

セクション1　リサーチ・クエスチョンと仮説

- リサーチ・クエスチョンを立てる。
- 目的と仮説を立てる。
- 研究デザインを考える。
- 結果を分析する。

本書もこの手順に従う。

## ◆———リサーチ・クエスチョンの選択と目的，仮説

　調べたいと思うことがあって，研究が始まる。それは先生や教科書から示唆を得たものかもしれないし，先行研究や自分自身の観察から導き出されたものかもしれない。研究したいと思っているリサーチ・クエスチョンが実際どのようなものか，はっきりさせることが重要である。興味の範囲が広すぎるなら，もっと狭めて，特定の領域に絞っていく必要がある。

　トピックを選んだら，研究の目的が何かを厳密に決定しなくてはならない。それは次の2つを決めることを意味する。

- その研究がどの**領域**の研究なのかを正確に示すこと。
- その研究が実際に何を達成しようとしているのかを示すこと。

　レポートでは，まず**目標**について十分正確に述べなければならない。「このプロジェクトの目標は，性差を見ることである」では漠然としすぎている。性差のどの部分を見たいのか？　「見る」とは何を意味するのか？　第二に，研究の**目的**を説明する必要がある。他の研究者の研究を拡張するのか，それとも追試するのか？　ある理論に沿った仮説を検証するのか？　独自のアイディアを検証するのか？　こうい

うことを説明しなくてはならない。

## ◆───仮　説

> 仮説とは，支持されるかそれとも却下されるかを研究者が検証するための，予測あるいは検証可能な主張である。

仮説にはいくつかの種類がある。

・研究仮説
・対立仮説（実験仮説とも言う）
・帰無仮説

　**研究仮説**（research hypothesis）とは，研究の初期の段階で立てられる仮説で，結果についての包括的な予測に該当する。序論の最後に述べるのが一般的である。たとえば，「短期記憶は年齢とともに衰退する」など。
　**対立仮説**（alternative hypothesis: あるいは**実験仮説** experimental hypothesis）とは，研究仮説を**操作的に述べること**である。つまり，測定に用いる行動や反応を正確に述べることである。上記の研究仮説を例にとると，「70歳以上の人が記憶できる数字の桁数は，20歳以下の人が記憶できる桁数よりも少ない」といったものになる。対立仮説あるいは実験仮説は，それが正しいということを見つけたいと思っている仮説である。これは，実際にどういう測定をするかについて，正確に述べることと言える。
　**帰無仮説**（null hypothesis）は，統計的検定で実際に検証される仮説である。シーゲル（Siegel, 1956）は帰無仮説を，「差がないという

仮説」と述べている。上の例では,「70歳以上の人と,20歳以下の人では記憶できる数字の桁数に差はない」というようになる。言い換えると,測定した変数について集められた値の間に差(あるいは**相関** correlation)がないという言明である。

心理学の卒論などでは,対立／実験仮説と帰無仮説を「序」の最後に述べるのが慣例となっているようだが,結果の部分に記述すべきだという議論もある。

### レポートを書くとき,対立仮説と帰無仮説のどちらを書けばよいか

この質問に「これだ」という答えを提供するのは難しい。なぜなら,学会によって慣例が違っているからである。

- 多くの場合,「序」の終わりに**研究仮説**を述べる。これは,これから検証しようとする予測を述べるもので,「序」で述べた理論や先行研究から引き出されたものである。
- 研究仮説を**操作化**(operationalise)して,**対立・実験仮説**として述べることが期待される場合もある。
- 心理学実習のレポートや卒業論文では,**帰無仮説**を述べることも一般的になっている。しかし大学院では,「なぜそんなことを書くんだ」と言われるかもしれない。

私が提唱したいのは,「序」に必ず研究仮説を含めること,そして対立仮説と帰無仮説も書くことである。つまり,卒業論文レベルでは全部の仮説を述べておくのが良い。対立仮説と帰無仮説をどこで述べるかは自由でよい。「序」の最後に記述する人もいるだろうし,結果を述べるセクションで統計的検定に沿って記述する人もいるだろう。

## 仮説を述べるにあたってのポイント

・明確,かつ正確に仮説を述べるようにしなくてはならない。**研究仮説**は一般的な用語で記述してもよいが,**帰無仮説**や**対立／実験仮説**は,「操作的」に述べられていなければならない。「女性のほうが男性よりもことばが堪能である」では,漠然としすぎている。つまり,「ことば」が「堪能」だということをどのように測定するのか? 何歳ぐらいの人を対象に調べるのか? 対立／実験仮説では何を測定しようとしているのかをもっと正確に示す必要がある。たとえば「10歳の女子のクロスワードパズルの成績は,10歳の男子の成績よりも高い」などのように記述する。仮説が何を調査しようとしているのかを正確にはっきりと述べ,研究しようとしている変数が何かが明確であるようにしなければならない。

・仮説を未来形で書くか(「……には差が見られるであろう」)それとも現在形で書くか(「……には差がある」)については,議論が分かれている。研究仮説はどちらでもよいが,対立／実験仮説,帰無仮説は現在形で記述されるべきであると考える。

・仮説が支持されるのか支持されないのかを検証するのであるから,**独立変数**(independent variable)が1つだけだということが重要である。たとえば「列に割り込んできた人が,男性か女性か,あるいは60歳を越えた人かそれとも20歳以下の人かで,その人に向けられる敵意の大きさが異なる」という仮説を設けたとする。このとき年齢の効果は見られるが性別の効果が見られないとしたら,どうしたらよいだろうか。仮説を半分だけ受け入れるということはできない。ここでは性別についての仮説と,年齢についての仮説の2つを分けて設ける必要がある。

・**有意**(significant)という用語を用いるべきだろうか。仮説に「有意」という言葉を含めるべきか否かには議論がある。「ファミ

リーカーを運転する人はスポーツカーを運転する人よりも有意に横断歩道の手前で止まるだろう」と書くべきだろうか。これは本書の域を越えた，議論の多い問題である。どちらの書き方も受け入れられるが，近年の統計の教科書の多くは，仮説に「有意」という言葉を用いていない。

**他の例**

16歳時の試験成績と18歳時のそれとに関連があるかどうかを調べるとしよう。**研究仮説**は「16歳時によい成績をとる生徒は，18歳時にもよい成績をとるだろう」となるだろう。**対立／実験仮説**は「16歳時の試験の成績と18歳時の試験の成績の間には相関がある」となるだろう。**帰無仮説**は「16歳時の成績と18歳時の成績の間には相関はない」となる。

援助行動の研究を行うとすれば，たとえば**研究仮説**は「田舎に住んでいる人は都会に住んでいる人よりも援助の手を差し伸べることが多い」となるだろう。**対立／実験仮説**は「田舎の店の外で買った物を落とした若い女性のほうが，都会のスーパーマーケットの外で買った物を落とした若い女性よりも短時間のうちに援助を受けるだろう」というものかもしれない。**帰無仮説**は「若い女性が田舎の店の外で買ったものを落としても，都会のスーパーマーケットの外で落としても，援助を受けるまでの時間に違いはない」となるだろう。

> **練習問題 3**
> 「料理人が多すぎるとおいしいソースはできない」という研究仮説にふさわしい，対立仮説と帰無仮説を書きなさい。

### どうして3つもの仮説があるのか

データを集め終えたら,統計的検定を行って,結果が偶然に生じた**確率**(probability)を求めることが多い。すでに説明したように,統計的検定とは**帰無仮説**を検証することである。これは,複数の**サンプル（標本）**(sample)から得た得点が,同じ**母集団**(population)からの得点かどうかを検証することを意味している。

ある特定の結果が生じる確率を示すためには統計を用いる。集められた得点が全部同じ母集団から得られたという確率が非常に低い場合（通常5％以下）,対立／実験仮説を採択する。（詳しくはセクション13を参照。205 - 209ページ。）

**ポイント**
**研究仮説**では,これから研究で調べる一般的な予測を述べる。
**対立仮説**あるいは**実験仮説**は,研究仮説を正確な用語で操作的に表現する。
**帰無仮説**は,検証しようとしているそれぞれの母集団の値に,差や相関がないことを述べる。

### 方向性仮説と非方向性仮説

仮説が結果の方向性を予想し,言及している場合には,その仮説を**方向性仮説**(directional hypothesis)（あるいは**片側仮説** one-tailed hypothesis）と言う。たとえば,

　「朝食を食べる児童は,朝食を食べない児童よりも学校での**成績が良い**。」
　「身長と体重には正の相関がある。」

仮説が差や相関の有無にだけ言及し，その方向性に言及していない場合，その仮説を**非方向性仮説**（non-directional hypothesis）（あるいは**両側仮説** two-tailed hypothesis）と言う。たとえば，

> 「犬と猫では迷路学習の速さが異なる。」（この仮説ではどちらが学習が早いかに言及していないことに注意。）
> 「試験の成績とテレビの視聴時間には相関がある。」（テレビの視聴時間と良い成績（あるいは悪い成績）が関連しているだろうとは言っていないことに注意。）

### どんなときに方向性仮説を用いるか

先行研究からはっきりとした予測が可能なとき，方向性仮説を用いる。たとえば犬のほうが猫よりも迷路学習が早いということを発見した研究論文が5～6編あったなら，「犬は猫よりも単純迷路の学習が早い」と言えるだろう。**方向性仮説を用いた場合には，レポートに方向性仮説を選択した理由をはっきりと述べなくてはならない。**

しかし，この点については議論もある。たとえばマクリー（MacRae, 1994）は，方向性仮説を正当化するに値する，十分にはっきりとした説明をすることは心理学では不可能だと述べている。また，**名義尺度**レベルのデータを収集するときに，方向性仮説を選択するべきではないという統計学者もいる。名義尺度はそもそも順序性をもたないデータについて言うのであるから，方向性仮説を選択することは論理的でない。（セクション12で $\chi^2$ 検定について述べるとき，さらに詳しく説明する。169 - 176ページ。）

方向性仮説を用いるときには，その仮説と反対方向の仮説を同時に用いることはできない。もし結果が方向性仮説とまったく反対だった場合には，帰無仮説を採択しなくてはならない。たとえ得られたデータが仮説とは「違った」方向で大きな差を示していても，研究仮説を

採択してはならない。したがって，犬は猫よりも迷路学習が早いと予測したにもかかわらず，猫のほうが迷路学習が早かったとしても，「すごい！　どっちにしても有意な結果だったじゃないか」と考えを変えてはいけない。仮説の特定の予測を，証拠となるデータは支持していないのであるから，得られた結果は有意ではないことになる。（マクリーが方向性仮説を用いないほうがよいと示唆しているのは，このためである。）

### 練習問題　4

1. 以下の研究について，適切な方向性対立／実験仮説と非方向性対立／実験仮説，および帰無仮説を述べなさい。
   (a) 心理学者が，魚を食べる量がIQ（知能指数）に与える影響について学生を対象として調べる。
   (b) 赤ちゃんが簡単な図形と人間の顔を見ている時間の長さを調べる研究。
   (c) 農家の人が，プランターで育てたトマトと土で育てたトマトの収穫数を比べる。
   (d) 心理学者が，11歳時のIQと16歳時のIQの関係について調べる。
   (e) バス会社が，5年間のバスの運賃と，その利用乗客数との関係について調査する。
2. 以下の仮説は方向性仮説か，それとも非方向性仮説か。
   (a) 幼児はキャベツよりもチョコレートを好む。
   (b) 寝不足だと人はいらいらする。
   (c) 女の子は男の子よりも良くしゃべる。
   (d) サービスの質がカフェの人気に影響する。
   (e) 年齢が短期記憶に影響する。

上の仮説はいずれもきちんと表現されていない。どのようにして変数を測定するかが説明されていないため，操作的な表現になっていない。つまり，これらの仮説はより正確に表現される必要がある。応用

> 問題として，変数をどのように測定するか，操作的に定義してみなさい。

### ◆──独立変数と従属変数

すでに述べたが，対立／実験仮説を述べるときには，操作的に表現しなくてはならない。そして，そのためには，研究しようとする**変数**（variables）をはっきりさせる必要がある。

- 「変数」という用語は，研究をするときに変化するものについて述べるのに使われる。

実験的研究では，実験者は意図的に1つの変数を変化させることによって，他の変数に及ぶ効果を測定できる。

- 研究の中で操作して変化させる変数を**独立変数**（independent variable）という。
- 測定される変数を**従属変数**（dependent variable）という。

---
独立変数は操作するもの
従属変数は測定するもの

---

**すべての変数を研究者が操作できるわけではない。**そういう統制されていない変数は不規則に変化するかもしれない。（統制されていない変数の問題については，セクション7で扱う。）
　**実験的な方法を使う場合，**独立変数を変化させるという手続きによって，従属変数が変化するかどうかを観察する。もし従属変数が変化

し，しかも統制されていない変数の影響が見られなければ，独立変数が従属変数の変化を導いたと仮定する。別の言い方をすると，この2つの変数の間に因果関係があると推論するのである。

> **練習問題 5**
> 以下の実験の独立変数と従属変数を述べなさい。
> 1. 48時間寝ずに起きていた学生グループが12個の単語を覚える能力と，普通に睡眠をとった学生グループが同じ単語を覚える能力とを比較する。
> 2. 1マイル走り終えたばかりの15人と，車で1マイル運転し終えたばかりの15人の反応時間を比較する。
> 3. スズメに3種類の大きさの虫を与える。スズメが普段食べるものより小さな虫，スズメが普段食べるものと同じ大きさの虫，そしてスズメが普段食べるものより大きな虫（ただし食べることのできる大きさ）である。スズメが食べた虫の大きさを記録する。
> 4. 実験参加者は1人の人物について記述した文を提示され，それを読む。ある参加者たちはその人物がその参加者と同じ民族だと告げられ，別の参加者たちはその人物が異なる民族だと告げられる。それを除いては，記述文の内容はまったく同じである。記述文を読んだあと，参加者にその人物を述べていると思う特徴をリストから選ぶように求める。
> 5. 職業心理学者が，30分間で袋詰めできるシリアルの袋数を，1人で行う場合，6人の場合，12人の場合について測定する。

## セクション2
# 実験的方法と非実験的方法

◆調査方法の基礎
◆実験的方法
　実験室実験
　フィールド実験
◆自然実験
◆準実験
◆非実験的方法
　観察法
　内容分析
　事例研究
　インタビュー
　相関研究
◆質的方法と量的方法

◆───準　備

　リサーチ・クエスチョンと仮説が決まったら，調査をする前に決めなければならないことは，実際にどんな**調査方法**を用いるかである。調査方法は3つのグループに分けることができる。

・実験法：実験室実験，あるいは**フィールド実験**
・**自然実験**と**準実験**
・非実験法：相関，観察，質問紙，インタビュー，心理テスト，**内容分析**，**談話分析**など

実験法を用いることが，20世紀の心理学の主流だった。これは**量的データ**（quantitative data）を重視していたことを意味している。しかし最近では，過度に実験法に依存することが批判されており，**非実験的アプローチ**や**質的研究**への関心が高まってきている。事実，良い研究はデータの収集においても分析においても，さまざまな方法を組み合わせて用いていることが多い。厳密に統制された実験室実験であっても，**実験**の最中に何が起こっていると思ったか，どうして実験中にそのように振舞ったのか等について，参加者に話してもらうことから多くのことを学ぶことができる。

　研究法は実験法と非実験法の2つに大別されることがあるが，実際にはこの2つの方法を明確に区別することはできず，**自然実験**（natural experiment）と**準実験**（quasi-experiment）についてはどちらに分類すべきか混乱する場合もある。

## ◆───**実験法**

実験法には，次のような2つの主要な定義的特徴がある。

・研究者が1つの要因あるいは変数（**独立変数**と呼ばれる）を変化させ，別の変数（**従属変数**と呼ばれる）に何らかの効果が生じるかを調べる。（これらの用語については，セクション1で説明した。）
・研究が正しい実験であるためには，参加者を異なる実験条件にランダムに振り分けることができなければならない。20人の参加者が必要だとして，その名前を書いた紙を帽子の中に入れて，そこから引いた10人を条件Aに，残りの10人を条件Bに振り分けることができないときは，それは真の実験ではなく，準実験である。

ノイズ（雑音）が記憶に与える影響を調べているとして、2グループの実験参加者が必要だとしよう。1グループは雑音のある状態で単語リストを学習し、2番目のグループは静かな状態で同じ単語リストを学習する。この場合はたとえば30人の参加者を選び出し、**任意にどちらかのグループに振り分ける**ことができる（つまり、参加者をランダムにどちらかの条件に振り分けることが可能である）。しかしながら、男性、女性のどちらの記憶が優れているかを調べる場合は、そうはいかない。男性、女性がそれぞれ別のグループになるようにしなければならない。したがってこういう研究は真の実験とは見なされず、準実験となる。（準実験についての詳しい説明は、22-24ページを参照。）

真の実験は、2つのタイプに分類できる。

・実験室実験
・フィールド実験


**実験室実験**

実験室実験では、研究者ができるだけたくさんの変数を統制できる状況下で実験を実施する。これは、いつでも実際の実験室で実施するということではない。しかし、独立変数（たとえばノイズのレベル）を変化させ、他のすべての変数を同じ状態にしておくことができなければならない。こういう状況は、参加者に実験室へ来てもらうのが最も実現しやすい。アッシュ（Asch, 1955）の同調実験では、すべての参加者を同じ部屋で同じ条件の下でテストした。そうすることで、すべての参加者が見たもの、座った位置、他の人が言ったことを同じにすることができた。同調実験を、普通の教室で行なう場合と比較してみよう。

### 実験室実験の長所

・実験室実験では，変数を正確に統制できる。
・このタイプの実験は容易に繰り返すことができるので，別の研究者が類似の実験を実施して同じ結果が得られるかどうかを確認できる。
・因果関係の確定が可能。
・倫理の許す範囲で，めったに起こらない状況を実験室に作り，統制された条件下で，その状況への参加者の反応を観察することができる。たとえば，目撃者の記憶に関する質問の効果を，実験室状況で研究することができる。
・正確な測定のために，自然な状況では使えない装置を用いることができる（たとえば，ストレスに対する反応を測定する場合など）。

　たいていの場合，実験の究極の目的は，どの変数が，今観察している出来事の原因となっているかを見つけ出すことである。私たちは変化し続ける世界を見ており，**こうした変化をもたらす要因が何か**を理解したいのである。

　1つの変数だけを変化させ，あることに対してその変数がどんな効果をもっているかを観察することができるのは，**実験的方法**だけである。1つの変数を変化させ（たとえば，単語リストを学習してから，そのリストを思い出すまでの時間（遅延時間）を変化させるなど），測定しているものの変化（いくつの単語を思い出せるか）が見られれば，2つのことがらの間に因果関係があると仮定できる。これが**実験デザイン**の論理である。そして因果的な推論をなし得る唯一の方法が，実験を行なうことなのである。

### 実験室実験の短所

- 実験室で研究できる行動は範囲が限られている。実験室のような人工的な状況で,しかるべき**妥当性**をもって研究することのできない行動がたくさんある(たとえば対人魅力など)。
- 高度な実験統制を行なうと,その状況が非常に人工的になる(たとえば記憶実験では,「ふえぷ」「じうべ」「べえけ」のような無意味単語のリストを学習課題にすることが多い。現実の生活でこんな学習をすることがどれほどあるだろうか)。
- 実験室実験を日常の場面に一般化することが難しい場合が多い(**一般化可能性**)。(これを専門用語では,実験室実験は**生態学的妥当性**(ecological validity)に欠けることがある,という。)
- 実験室では,普段の生活場面で見せている振る舞いとは異なる行動をするかもしれない。この問題は,**要求特性**(demand characteristics)と呼ばれている。参加者は,この実験が何を研究しようとしているのかを推測しようとし,どう思ったかが彼らの行動に影響するのである。
- 実験室環境は慣れていない人にとっては威圧的で,自然に振舞えないかもしれない。


### フィールド実験

**フィールド実験**も,実験室実験と同じように独立変数を操作して従属変数を測定する。しかし実験室ではなく,参加者の普段生活している自然な環境で行う。ピリアビンら(Piliavin, et al., 1969)の援助行動の研究がよい例であろう。この実験では,1人の演技者が,酔っ払ったふり,あるいは目が見えないふりをして,ニューヨークの地下鉄の中で倒れ込んだ。ピリアビンたちは,(演技者が酔っ払いのふりをするか,盲人のふりをするかなどによって)変数を操作し,援助が与

えられるまでの時間を測定した。しかしすべてが自然の状況下で行われた。

> このような研究を，自然な状況で実験するときには，**倫理的な問題**を考慮しなくてはならない。どんな倫理的な問題が起こるだろうか？

### フィールド実験の長所

・1つの変数を操作し，他の変数への影響を測定することで，因果関係の研究が可能である。
・自然な状況で行なうため，**生態学的妥当性**がより高く，実験の結果を他の状況に一般化しやすい。
・参加者は自分の行動が調査されていることに気づきにくいので，**要求特性**の影響を受けない。

### フィールド実験の短所

・実験室実験のように，直接操作，観察しない他の変数まで正確に統制することができない。
・実験室実験よりもお金や時間がかかる。
・実験参加者への十分な説明にもとづいた同意（**インフォームドコンセント** informed consent）が得られていなかったり，実験後に実験の目的・理由の説明をすること（**デブリーフィング** debriefing）ができなかった場合，倫理的な問題が起こるかもしれない。
・追試実験を正確に行うことが難しい。

### 練習問題 6

知っている心理学の研究領域の中から，2つの実験室実験と2つのフィールド実験を書き出しなさい。
そして次の問題について，それぞれの実験を比較しなさい。

1. 変数の正確な統制がなされているか。統制されていない，実験に影響を与える可能性のある変数があるか。
2. その研究は追試が容易か。
3. 実験結果を他の状況に一般化することが可能か（すなわち，その研究には生態学的妥当性があるか）。
4. インフォームドコンセントやデブリーフィングをしていない，というような倫理的な問題があるか。
5. 要求特性が参加者の行動にどんな影響を与えた可能性があるか。

## ◆──自然実験と準実験

### 自然実験

**自然実験**では，1つの変数が変化し，別の変数へのその影響を測定できる。しかし，

・変数の変化は実際には研究者によって操作されていない。
・参加者を異なる実験条件に統制して割り当てることができない。

#### 例

ある学校の1教室で新しい読書法を取り入れたとする。この読書法の読書技能に及ぼす効果は，古い読書法で教えている別の教室と比較することで調べることができる。おのずから，何らかの条件が変化した**実験群**（experimental group）と，条件が以前と同じに維持されている**統制群**（control group）が生じる。しかしこれは統制された真の実験ではない。なぜなら，この研究では，どの生徒をどの実験条件に割り当てるかを実際には決定することができず，また独立変数（どの読書法を用いるか）

の操作も，研究者によって統制されていないからである。

**自然実験の長所**
・状況は自然で，研究とは関係なく変化が生じるので，高い生態学的妥当性がある。
・結果に影響を及ぼすかも知れない他の変数を統制できる限りにおいて，1つの変数の変化による別の1つの変数に対する効果を観察できる。したがって，因果関係が推測できる。しかし，**交絡変数**（confounding variable）がまぎれ込んでいる可能性があるので，注意しなくてはならない。

**自然実験の短所**
・統制されていない変数（交絡変数）がたくさんあるために，特定の独立変数の効果を取り出すことができないかもしれない。
・それぞれの実験条件の参加者が，研究者によって研究されているということを知っていることが，参加者の行動に影響するかもしれない（要求特性の問題）。
・ある特定の変数について研究できるような自然な状況がなかなか起こらないため，研究したいときにそういう状況が利用可能でないかもしれない。
・参加者からインフォームドコンセントを得るのに問題があったり，また，有効な新しい処方が一つのグループには与えられ，もう一方のグループには与えられないというような，倫理的配慮の問題が起こりえる。

準実験

**準実験**では，研究者が参加者を異なる条件に割り当てることが現実的にはできない。実験的な手続きは用いるが，**参加者を複数の条件に**

ランダムに割り当てることは不可能である。

### 例

3歳児と6歳児の描画能力を比較するとしよう。この場合3歳児は1つの条件群，6歳児がもう1つの条件群となる。ほかの条件を統制して，一方の変数である「描画能力」に対する，もう一方の変数である「年齢」の効果を研究することができる。しかし子供たちをランダムにグループ分けすることは明らかに不可能である。なぜなら，子供たちは3歳児か6歳児のどちらかだからである。

準実験では，独立変数は研究者が実質的に操作することができない。たとえばタバコを吸うか否か，ある障害をもった人に対する治療のタイプなど。独立変数を取り出し，それが従属変数に及ぼす効果を調べることはできるが，実験条件に参加者をランダムに割り当てることはできない。

**もし人々をある治療を施す条件と統制条件とにランダムに割り当てることができるなら，それは真の実験となる。**

### 準実験の長所
・多くの変数がある場合，準実験は唯一実施可能な方法である。
・独立変数以外の変数をきちんと統制できれば，因果関係を推測することが可能である。

### 準実験の短所
・2つのグループに別の差異があって統制不可能かもしれない。その場合，因果関係を推測することはできない。たとえば3歳児と6歳児とを比較するとき，3歳児はまだ就学していないが，6歳児はもう就学している。

自然実験や準実験を実験とみなせるかどうかは，定義の厳密さにかかっている。これは議論の多いところである。そのため，自然実験や準実験を実施する必要があるとき，それを実験的研究とも非実験的研究とも論じることが可能である。たとえばイギリスの試験委員会は，次のような声明を発表している（最後の言葉に注目！）

実際問題として，「実験的」研究と「非実験的」研究の正確な境界をはっきりさせることは非常に難しい……したがって，自然実験を実験的と見なすことも非実験的と見なすことも共に正当であり，それは，用語の定義の厳密さにかかっている。当委員会は，**申し立て人が適切な論拠をあげて説明することができるなら，実験的研究としても非実験的研究としても受け入れる**であろう。
(Associated Examining Board, December 1996; 強調部分は筆者による)

ただし，心理学を学ぶ者にとっては，自分自身の研究を行なう目的は，利用可能なさまざまな研究方法をより深く理解することにあるということを十分わきまえておく必要がある。したがって，さまざまな研究方法があるのに，まったく同じではないにしてもいつも似たような研究方法を用いて経験を制約してしまうのは間違っている。

### 練習問題 7

以下の実験は自然実験だろうか，準実験だろうか。どうしてそう考えたか，その理由も述べなさい。

1. 4歳児と8歳児の顔の描画の違いを詳しく比較すること。
2. 病院で，保育器に羊のなめし皮を敷き始めた前とあとでの未熟児の体重変化を測定する。
3. 園芸家が，自分の畑で育てたトマトと，12キロ離れた妹の畑で育てた同じトマトの生育状況を調べる。
4. 18歳の男の子と女の子が夜の外出のために身支度をするのにか

かる時間を調べる。

## ◆─── 非実験的方法

実験とは異なる方法を用いて行動を研究するのが適切な場合も多い。たとえば，研究者が実際の日常生活における行動についての証拠を得たい場合に，**観察法**が用いられることがある。さまざまな方法でデータを集めるために，実験的方法と一緒に非実験的な方法を用いることが有益な場合が多い。

そこで次に，観察，**内容分析**，**事例研究**（case studies），インタビュー，**相関**などの非実験的方法について解説する。

> 詳細にレポートを書かないまでも，さまざまな研究法を用いて簡単な調査を行なってみると，研究方法に対する理解がより深まるだろう。

## ◆─── 観察法

データを収集する**技法**としての観察（さまざまな研究法で使うことができる）と，**観察法**とが混同されることがよくある。たとえば，バンデューラ（Bandura, 1963）の有名な「ボボ」人形実験において，彼は「ボボ」という人形と遊ぶ子供の様子を**観察**した。これは観察技法の一例である。バンデューラの研究は**実験法**を用いているが（大人が「ボボ」人形をいじめているフィルムを見た子供と，そのようなフィルムを見なかった子供がボボにとった行動を比較している），データを集めるための技法として観察を用いている。

観察法では，たとえばスコットランドの赤ん坊に対する愛着の研究を行ったシャファーとエメルソン（Schaffer & Emerson, 1964）の研究のように，研究者による変数の操作が行われない。ここでは普段の家族生活が営まれている家庭で，4週間間隔で赤ん坊が観察された。観察法では，研究者は人や動物の行動を自由に選んで観察する。しかもなんの操作もされていない自然に発生する行動を観察する。

観察法を用いた研究には，次のようなタイプがある。

・**自然観察**：自然な状況での行動観察。
・**参加（参与）観察**：研究対象となる集団に観察者が入り込み観察する。
・**統制された（実験的）観察**：研究者が環境に対する何らかのコントロールをしながら観察する。

これらすべての研究は，観察が**構造化されているか構造化されていないか**，参加者は自分が観察されていることを知っているかそれとも知らないかによって，異なってくる。

観察法は研究プロジェクトの唯一の方法として用いられることもあるが，実験を組む前の予備研究として用いられることもある。（たとえばピアジェ（Piaget）は，まず自分の子供たちを観察し，そこからさまざまな仮説を導き出して，その仮説を彼自身や他の研究者たちが実験的に探求した。）

### 練習問題 8

1. これまでに学習した実験で観察技法を用いたものと，観察法を用いた研究について考え，それらがなぜそれぞれの例として適切なのか説明しなさい。
2. 以下の例は観察法による研究だろうか，それとも観察技法を用いた研究だろうか。観察法による研究だとしたら，どのようなタ

イプか。
(a) スーパーマーケットで買い物中、親が子供にどのくらいの頻度で話しかけるかを観察した。
(b) 教育実習生が一人の生徒としてさまざまなクラスに参加し、さまざまな授業方法を観察した。
(c) ワラジムシが赤い光、青い光から逃げる速度を測定した。
(d) 前もって特別に準備された保育園で、3歳の園児たちの遊びのタイプを観察した。
(e) 電車のかなで、気を失いそうな女性がいるときと、気を失いそうな男性がいるときの、乗客の行動を比較した。

### 観察法を計画する上での注意点

観察法を実施するとき、**観察者のバイアス**（observer bias）や偏見に注意することが重要である。あまりにも、見たいと思っていることを見てしまいやすい。

こうしたことは、次の点に注意することで防ぐことができる。

・観察者をよく訓練すること。
・構造化されたチェックリストを用いて、観察を記録すること。
・少なくとも2人の観察者で観察し、観察結果を比較すること（これは**評定者間信頼性**（inter-judge reliability）、あるいは**観察者間信頼性**（inter-observer reliability）と言われる）。

もし観察者が仮説を知っていると、実際に起こったことよりも、予期していることのほうを記録しやすくなってしまう。この点を統制するためには、検証しようとしている仮説の性質や、研究の目的を知らない観察者を採用するのがよい。

観察法を実施するときには、何を観察しようとしているのかをはっ

きりさせなくてはならず，またそこに含まれる変数を操作できるようにしなくてはならない。そのためには，何を記録しようとしているのかを正確に定義しなくてはならない。「子供の攻撃性」を観察するというのでは意味がない。攻撃性をどう定義するだろうか。「叫ぶこと」を攻撃に含めるか，身体接触に限定するか。「押す」という動作が単なる偶然なのか，それとも意図的なものかを，どのようにして見分けるか。つまり，観察しようしている行動についての正確なチェックリストを注意深く作成することによって，「操作」的に定義しなくてはならない。

> **練習問題 9**
> 以下のような場合，どのように「操作的」に定義すればよいか。
> 1．誕生日パーティーの場面で，4歳児が見せる攻撃性。
> 2．飼い猫が見せる攻撃性。

次のステップは**パイロットスタディ**（予備調査，pilot study）を行い，研究で測定しようとしている変数の測定法（もちろんここでは観察法を指す）が，実際に有効かどうかを確認することである。**評定者間信頼性**を確認する必要もある。作成したチェックリストをもとに，2人の観察者が，同じ事象を記録したときに，観察した行動のカテゴリーが一致するだろうか？

> ほかの非実験的デザインと同じように，観察法による研究から因果関係にかかわる結論を導くことはできない。研究者による変数の操作が行われていないからである。

**自然観察**

**自然観察**では，自然な状況で自発的な行動を記録する。ブラウンの言語発達の研究（Brown, 1973），ロバートソンの入院児童の研究（Robertson, 1971），グドールのゴンベのチンパンジーの研究（Goodall, 1978）などがそうであり，聞いたことがあるだろう。ここでは観察者は，観察している行動への干渉や，行動の操作を一切しない。

このような観察は非参加的である（観察者はできるだけ目立たないようにして，参加者が観察されていることに気づかないようにする）。でも実際にやってみるとなかなか難しい。デイビッド・アッテンボローとゴリラのテレビ番組[訳注]を見たことがあるかもしれない。まるでゴリラが自ら出演すると決めたかのように映っている。今では，研究者はビデオカメラを使って事象を詳細にテープに記録し，後からそれを分析することが多い。

### 自然観察の長所
・自然観察には高い生態学的妥当性がある。自然な状況でしか本当の行動は発生しないとも言える。
・故意に引き起こせば非倫理的だが，自然な状況で生起したときにそれを観察できる（たとえば養育者から引き離された子供の行動など）。
・新しい分野を研究する上で，自然観察は有効な研究方法となる。自然観察から仮説を導き出すことが可能となり，それを実験によってより深く研究してゆくことができる。

---

[訳注] アッテンボロー『地球の生きものたち』（BBCビデオ）第12巻。

**自然観察の短所**
・交絡変数（結果に影響を及ぼす他の変数）を統制するのが難しい。
・人も動物も，観察されているということがわかると，自然に行動しなくなってしまう。
・自然観察法は繰り返すことが困難。そのため研究結果の**信頼性**や**妥当性**を確認することが難しい。
・客観的な観察者でいることが難しい。できるだけ客観的であるために，少なくとも2人の観察者で観察し，**観察者間信頼性**（inter-observer reliability）を確認するのが一般的である。観察したことを記録しておけば，信頼性を確認することがより容易となる。
・原因 - 結果についての結論を述べることは不可能。独立変数の操作がなされていないからである。
・倫理的な問題が持ち上がるかもしれない。
　（a）**人間**に関して：イギリス心理学会のガイドラインでは，見知らぬ人から観察されているということを人々が予測できる状況でのみ，観察に対する同意がなくても観察できるとしている。
　（b）**人間以外の動物**に対して：いかなる場合も，観察対象となっている動物を混乱させないように注意しなくてはならない。

## 参加（参与）観察

　参加観察では，観察者が，ある程度観察する集団の一員となる。研究者は研究している状況の一部に積極的に参加する。ローゼンハンの有名な「統合失調症」研究では（Rosenhan, 1973），8人の協力者が，幻聴があるふりをして精神病院に患者として入院し，病院スタッフの行動を観察した。またマーシュ，ロッサー，ハーレのサッカーファン

の行動についての研究もこの例である（Marsh, Rosser & Harre, 1987）。参加の程度はさまざまでありうる。

1. 参加者が，観察者としての役割を隠し，その集団のメンバーのふりをする場合。
2. 観察者としての参加者が，研究意図を隠さず，それでいて集団に完全に参加する場合。
3. 参加者としての観察者が観察者の役割に徹し，集団には観察者としてのみ受け入れられている場合。

ほとんどの心理学的研究で，研究者は参加観察者であるといえる。たとえばほとんどの実験で，研究者は参加者の反応を記録するだけでなく，実験的状況の一部でもある（セクション5「社会的状況としての実験」を参照）。

### 参加観察の長所
・観察対象集団に参加することによって，観察者は集団への理解が深まり，そのことがデータに豊かさをもたらす。集団への参加が長期になり，また集団メンバーが観察者を信頼するようになれば，なおさらそうである。
・他の研究法では入手不可能なデータを手に入れることができるかもしれない。
・実験研究に比べて，生態学的妥当性がずっと高い。

### 参加観察の短所
・研究者が対象集団に入り込むことで，その集団が何らかの形で変化してしまう可能性がある。
・完全な参加観察では，メモをとることができないので，研究者は記憶に頼らざるを得ない。

セクション2　実験的方法と非実験的方法

- 観察している集団に感情的に巻き込まれてしまいやすく，客観的な観察者でいることが難しくなる。
- 研究を繰り返すことはおそらく無理であるから，得られたデータの信頼性や妥当性を確認できない。
- 研究結果を一般化することが難しいかもしれない。
- 参加者からの承諾が得られていない場合には，倫理的な問題が持ち上がるかもしれない。

**統制された観察（実験的観察）**

この場合，自発的な行動が観察されるが，その状況はある程度研究者によって操作され，統制されている。おそらくもっとも広く引用されているこの方法の例は，アインスワース，ベル，ステイトンによる愛着行動の研究だろう（Ainsworth, Bell & Stayton, 1971）。ここでは特別に用意された部屋の中で，さまざまな出来事（見知らぬ人が入ってきたり，母親が部屋を離れたり）が起こるよう仕組まれており，研究者はそこで母親と赤ん坊の様子を観察した。ただし，実際はこの研究が統制された観察なのか，それとも観察技法を用いた実験なのかを区別するのは難しい。

**統制された観察（実験的観察）の長所**
- 特に，参加者が小さな子供であったり，動物であったりして，環境の操作に疑いをもつことがない場合，この方法は自然観察との共通点が多くなる。
- 研究者がある程度環境を統制できるため，ある程度交絡変数を統制することが可能。
- 後の分析のためのビデオ録画が容易にできる。

### 統制された観察（実験的観察）の短所

・参加者にとって状況が見慣れないものだと，完全に自然な行動は見られなくなる。
・参加者が，観察されていることに気づきやすいので，参加者たちの行動に影響することがある。
・因果関係の研究はほとんど期待できない。

#### 練習問題　10

1. あるサッカーチームがホームとアウェイのどちらでより技術を発揮したプレーをするかを観察によって明らかにする研究をするとする。このとき含めたいと思う2つの統制条件を述べなさい。
2. 以下の用語の意味を述べなさい。
     評定者間信頼性
     参加（参与）観察
     変数の操作化


### 観察研究から得られたデータの記録と解釈

データはさまざまな方法で記録できる。

・その場で，ノートに記録する。
・その場で，チェックリストをチェックしていく。
・その場で，観察したことをテープレコーダーに吹き込む。
・ビデオや映画に撮り，後で上記の方法を用いる。

後の分析のための記録が可能でない場合には，ほかにもさまざまな方法を用いることができる。

- **インターバルサンプリング法**（time interval sampling）：30秒といった短い時間から1時間といった長い時間まで，時間間隔を決めて個人を観察し，その間に目的とする行動が出現したらそれを記録する。
- **イベントサンプリング法（事象見本法）**（event sampling）：ある事象が起こるたびにそれを記録する。
- **ポイントサンプリング法**（time point sampling）：たとえば5分に一度のように決まった時間間隔で個人の行動を観察し，記録する。

観察から**質的データ**も**量的データ**も集めることができる。

観察者は，特定の行動の質あるいは強さを査定するために**評定法**を用いることがある。この場合，感情の**主観的**（subjective）な解釈がなされることもある。**客観的なコーディング法**を用いることもある。たとえば，一定の時間に起こった特定の行動の回数を数え上げることなど。アインスワースらによって行われたストレンジ・シチュエーションにおける子供の愛着行動パターンの研究（Ainsworth, Bell & Stayton, 1971）では，子供と母親のアイコンタクトの回数（量的データ）だけでなく，母親が示した感受性についても評価された（質的データ）。

研究の性質によって，記録がよく**構造化されている場合**と**構造化されていない場合**とがある。ある特定の仮説を検証することを目的とした観察研究は，探索的な予備的研究よりもよく構造化されているだろう。

---

**練習問題　11**

1．8歳児の攻撃行動についての観察研究が，学校の運動場で行われた。次の方法をどのように用いたら，量的データを収集することができるか。

> インターバルサンプリング法，イベントサンプリング法，ポイントサンプリング法
> 2．どうして評定者間信頼性が問題となることがあるのか説明し，どのようにしたらこの信頼性を確認できるか述べなさい。
> 3．収集可能な質的データを1つあげ，説明しなさい。

## ◆──内容分析

内容分析は多くの点で観察法と類似しているが，観察法が行動を直接の研究対象としているのに対して，内容分析は映画や本，スピーチなどの内容を研究対象とする。たとえば，ある文化の成員によって作られた人気のある映画の内容分析によって，その文化のジェンダー・ステレオタイプを研究することができる。**内容分析はそのようなコミュニケーションを量的に記述する，体系的かつ客観的方法である。**

分析には2つの要素がある。

・研究しようとしている事柄について，どのようなカテゴリーが意味があるかを決定する**解釈的**な側面。ある映画に登場する男性登場人物，女性登場人物の数を数える，それらの人物が積極的か消極的か，年寄りか若いか，どんな外見か，何度セリフがあるか，研究したいことに最も適切な問いは何か。
・決定した基準を用いて，研究対象を体系化したり細分化するなどの**構造的**な側面。

子供向けの本の内容分析をするとしよう。まず，**なぜ**そういう研究をするのか，**何**を分析するのかをはっきりさせる。たとえば子供の読書力の発達に興味があるとすれば，単語の長さや1文あたりの平均単

語数などを分析することになるだろう。一方，ジェンダー・バイアス（性的偏見）に関心があるとすると，登場人物の男女別の数，それぞれの行為，役割などが分析に関連してくる。

観察法と同じように，内容分析の場合にも，成功するためには非常に注意深い計画が必要である。

分析のための手順を要約すると，次のようになる。

・**目標**を狭め，はっきりさせる。**厳密**に，何を研究しようとしているのか。
・理論や観察，先行研究にもとづいた**研究仮説**があるか。あるいは，その研究は，特定の仮説を設けることに適さない，パイロットスタディ的なものか。
・研究のための材料を決める。これは材料の**サンプリング**を行うことにもなる。もし広告におけるジェンダー・バイアスに関心があるとして，すべての広告を一つ一つ調査したりはしないだろう。分析すべき広告のサンプルをどのように選定するかを決定しなければならない。
・どの変数を測定しようとしているのかを決める。
・上記の変数を測定するためのコーディングシステム，あるいはチェックリストを作成する。このとき，収集した情報をどのように分析するのかについても考えておく必要がある。
・コーディングシステムがうまく機能するかどうかを確認するための**パイロットスタディ**（**予備調査**）を実施する。
・データを集める。
・研究の結果を明確かつ簡潔に提示できるよう，結果の要約と分析を行う。

**例**

内容分析の一例が，1960年代の子供の読書における性差別に関するグ

リーブナーの研究である（Graebner, 1972）。彼女は子供向けに書かれた人気本から，絵に描かれているすべての子供の性別，主役の登場人物，受け身の登場人物，積極的な登場人物，依存的な登場人物，独立心の強い登場人物，男の子的あるいは女の子的な活動をしている登場人物の情報を集めた。

結果は予測したとおりであった。つまり，女性はキッチンにいるものだと信じている人たちの信念を助長するようなものだった。流しがつまった時でもない限り，キッチンに男性がいる場面はほとんどなかった。

> 小規模でも観察研究や内容分析研究を体験すれば，この方法の難しさが実感できるだろう。観察法は簡単そうにみえるが，実際はずっと難しい。

## ◆───事例（ケース）研究

**事例（ケース）研究**は，個人や小集団に対する詳細な研究をするための非実験的な方法をいろいろと使う。行動の詳細な記述，詳細なインタビューなどを実施し，解釈をし，加えて，ケースヒストリー（研究に関連した側面についての，それまでのその人の生活史）が集められるのが一般的である。

情報は**一次的情報源**（直接観察やインタビュー）と**二次的情報源**（学校や病院の記録，友人や親戚からの情報など）の両方から集められる。

事例研究は，心理学者が用いる他の多くの研究方法と大きく異なっている。事例研究は（個人に関心を置いた）**個性記述的アプローチ**（idiographic approach）であって，大部分の研究者が用いる，**法則定立的アプローチ**（nomothetic approach）（行動の一般的なパターンを

明らかにする）ではない。事例研究ではより一般的な（量的なデータを集める）量的方法よりも，（材料の**解釈**に重きを置く）**質的方法**を分析に用いる。

---

事例研究と，研究者が変数の操作をする単一参加者実験とを混同してはならない。

---

### 事例研究の長所
・事例研究では，ほかの大部分の研究方法よりもはるかに詳細に個人や集団についての豊かで深い洞察を得ることができる。そして個人の個性を認識することができる。これが事例研究が特に優れているところである。
・事例研究は，**主観的**な感覚の重要性を認めている。
・事例研究は，ある種の特異な行動にスポットライトを当て，倫理的な理由から他の方法では扱えない新しい領域の研究を切り開くことがある。たとえば生後すぐに極端な環境刺激を剥奪された子供たちについての研究などがある。
・事例研究による発見は，時として，確立された理論にもとづく予測と矛盾することがある（スキールズによる赤ん坊の剥奪研究は，知能指数は生まれたときに決まっているのではなく，生活経験の影響を受けることがあることを示した（Skeels, 1966 参照））。
・同種の現象に対するさまざまな事例研究を集積すれば，詳細にわたる大量な情報となり，それを分類・分析することによって思いがけない変数が発見され，次の研究につながることがある。
・事例研究は，将来の研究仮説を導く可能性を秘めた，価値ある探索的ツールである。

**事例研究の短所**

・事例研究は繰り返せないので、結果の**信頼性**（reliability）を確認できない（同じ研究を繰り返しても、同じ結果が得られるかどうかをチェックできない）。

・一個人の事例研究をもとに、残りの母集団に対してその結果を一般化することはできない。研究の対象となった個人は、典型的な人物ではないかもしれない。

・研究者個人の**主観的**な感情が、集めたデータに影響を与えているかもしれない。研究が、研究対象者への接触を強く必要としている場合、客観性をもち続けることは困難であろう。

・最終報告に書くことを研究者が選択する恐れがある。研究者が得られたデータすべてを公開するということはほとんどない（たとえばガードナーらは、チンパンジーのワショーがサイン言語を習得できるかどうかを研究したが（Gardner & Gardner, 1969）、最初の報告書を出版したとき、彼らは膨大なフィルムデータの中から選択したデータだけを発表した）。

・もし事例研究が回顧的な材料（前に起こった出来事について集められたデータで、その時は記録されなかったもの）をもとに研究を行う場合（**回顧的研究**）、データは不正確になりやすい。たとえば大人をケースとした研究の場合、その人の子供時代の出来事についてのデータが正確かどうかを突き止めるのは難しい。

**練習問題 12**

以下に挙げたそれぞれの語句を事例研究法の説明にどのように使うことができるか説明しなさい。

個性記述的、質的、詳述された、参加者の主観的感情の認識、倫理的問題、信頼性、既存理論への挑戦、回顧的データ、一般化可能性、主観的、研究者による選択的解釈

### 事例研究を行なう

事例研究は決して簡単に実施できる選択肢ではない。他の研究方法と同じように，事例研究を始める前にはっきりとした**目標**をもつ必要がある。事例研究で用いる方法は，研究対象となる被験者（subject）[訳注]の年齢，実施目的などによってさまざまである。インタビュー，観察，対象者についての記録の研究，心理測定的テストなどがある。

また，複雑な倫理的問題についてもきちんと考えておく必要がある。精神的健康や反社会的行動に関連した材料を用いることは正当と認められるだろうか？　デリケートな問題にかかわる事例研究をしてよいだろうか。慎重な配慮が求められるだろう。

### ◆―――インタビュー（面接）

インタビュー（面接）は，その**構造化**の程度によって，いくつかの種類がある。

**非構造化インタビュー（非指示的インタビュー）**（unstructured or non-directive interview）：質問に答える人（被面接者，インタビューイー）は，話したいことを何でも話すことができる。このようなインタビューでは，**話した内容**だけでなく，その**話し方**，会話がどこで一瞬**沈黙**したか，などの**質的データ**も集められることが多い。

---

[訳注]　本書では，本文中のこの部分だけ「subject＝被験者」という用語が用いられていた。原著の他の部分はすべて「participant」で統一されており，本翻訳でも「参加者」という訳を用いている。

**半構造化インタビュー（インフォーマルインタビュー）**（semi-structured or informal interview）：**臨床インタビュー**（clinical interview）と呼ばれることもある。どんなデータを集めるかについて全般的な目標があるが，質問は被面接者ごとに大きく異なることがある。次に投げかける質問は，先の質問に対する被面接者の反応によって決まる。この場合も，**質的データ**が収集されることが多い。ジャン・ピアジェが子供の知能や道徳性の発達研究の中で，この手法を用いている。インタビューがもう少し構造化されていると，**ガイデッドインタビュー**（guided interview）と呼ばれることがある。面接者はカバーすべき質問項目についての指示を受けるが，質問の仕方やその順番は，面接者に任されている。

**構造化インタビュー（フォーマルインタビュー）**（structured or formal interview）：被面接者に対する質問とその順番があらかじめ決められている。質問は自由な答を許す自由回答式の場合もあるし（たとえば，「音楽を聴くのが好きな理由は何ですか？」），一定の選択肢から選ばせる固定型の質問の場合もある（たとえば，「どんなタイプの音楽が好きですか？　ロック／ポップス／ジャズ／クラシック」，あるいは「あなたは音楽を聴きますか。　はい／いいえ」）。

---

事例研究法では，インタビューを用いることがよくある。

---

### 非構造化インタビューの長所

・非構造化インタビューは被面接者自身が何を重要だと感じているかに関するデータ（とくに質的データ）の宝庫である。
・被面接者がリラックスできるので，質問に十分に答えることができる。

### 非構造化インタビューの短所
・被面接者ごとに違ったデータが得られるので，比較が難しい。
・分析も難しいだろう。
・インタビューを再現できないので，**信頼性**が低い。
・判断者間で解釈が一致しない可能性があるので，**評定者間信頼性**が低いことが多い。
・ほかのすべてのインタビューと同様，被面接者は面接者がどんなことを聞き出したいのかを考えながら話をする傾向がある。

### 半構造化インタビューの長所
・面接者は柔軟に対応でき，被面接者の思考の流れに対応することができる。
・被面接者がリラックスできる。
・同一の包括的なトピックに沿って被面接者からデータを集めるので，データの比較がある程度可能。

### 半構造化インタビューの短所
・質問が構造化されていないため，質問に用いる言葉がまちまちであり，被面接者によって，質問を違った意味に解釈する可能性がある。
・面接者個人のバイアスが質問の言葉遣いに影響を与えるかもしれない。また答えの解釈にも影響を与えるかもしれない。
・再現が難しい（信頼性の問題）。
・半構造化インタビューは体系化されておらず，被面接者ごとに異なるので，比較が難しい。

### 構造化された自由回答インタビューの長所
・すべての被面接者について，まったく同じ質問領域をカバーできる。

- データの分析が非構造化インタビューより容易。
- 再現が可能。
- 面接者のバイアスが結果に影響する余地があまりない（ただし，可能性がまったくないわけではない。たとえば面接者の声のトーンが影響する場合など）。
- 同じインタビュースケジュールを数人の面接者で用いることができる。
- 他のインタビューに比べ，信頼性が高い。

### 構造化された自由回答インタビューの短所
- 柔軟さが失われる。もし被面接者がインタビューの中で，質問リストにない興味深い発言をしたとしても，面接者はそれに対応することができない。
- 回答の自然さに劣るかもしれない。被面接者はあまりリラックスできないかもしれない。質問リストをもとにしたインタビューであることに気づくと，被面接者は十分な回答をしなくなるかもしれない。
- 被面接者ごとに回答が大きく異なるだろうから，回答内容のコーディングが難しい。
- あらかじめ十分に予備インタビューをした上で質問をしないと，誤解が生じるかもしれない。

### 完全構造化インタビューの長所
- 短時間で実施でき，費用がかからない。
- 簡単に繰り返せる。
- データ分析が他のインタビュー法より容易。
- 結果に影響を与えるようなバイアスが入り込む余地があまりない。
- 他のインタビュー法に比べて信頼性が高い。

**完全構造化インタビューの短所**
- 集められたデータからは情報の豊かさが失われてしまう。自由回答式のインタビューでは，答の個人的なニュアンスが，豊富な情報をもつことが多いが，固定型の質問ではそのような情報を得る余地がない。
- 被面接者の回答形式が限定されている。「はい」や「いいえ」でなく「ときどき」と言いたいときもあるだろう。
- 質問事項を注意深く予備検討をしておかないと，誤解が生じる可能性がある。
- 量的データしか得られない。
- 被面接者がすべての問題に対して「はい」（あるいは「いいえ」）と答える，**反応セット**（response set）の問題が生じるかもしれない。この問題に対処するために，インタビューに用いる質問の言い回しを慎重に検討する必要がある。

**練習問題 13**
以下の問題に，どのように答えるだろうか。
1．2つの異なるタイプのインタビューについて述べなさい。
2．それぞれのタイプのインタビューを解釈するとき，どのような問題があるか。
（便利なキーワード：構造，結果の比較可能性，分析の容易さ，質的データ，量的データ，再現性，信頼性，評定者間信頼性，面接者バイアス，回答の自由度，反応セット）

◆―――**相関的方法**

名前が示すとおり，**相関的方法**を用いることは，2つあるいはそれ

以上の変数間の関係を見る手法を用いることを意味している。たとえば足の大きさと背の高さとの間に関係があるだろうか。あるいは1週間の酒量と，学業成績との間に関係があるだろうか。

相関的方法を用いる時は，変数同士の変化がどの程度関連しあっているかを調べる。しかし，1つの変数の変化が，他の変数の変化をもたらしていると仮定することはできないし，またそう仮定してはならない。たとえば，上の最後の例であれば，一晩に3本のビールを空けているのが原因で，成績が悪いのかもしれない。しかし，成績が悪いのが原因で，一晩に3本ものビールを飲んでいるのかもしれない。別の要因も考えられる。たとえば，大好きなアイドル歌手が手紙の返事をくれない苦痛から，たくさんビールを飲み，成績も悪いのかもしれない。

相関的方法では，独立変数と従属変数を明らかにすることはできない。この研究は，1つの変数を操作し，別の変数が受ける効果を測定しているわけではないからである。というよりはむしろ，統計手法を用いて，2つの変数の間に何か関連があるかどうかを見ようとしているのである。

メディアで相関研究が報じられるとき，結果が誤って伝えられていることがある。たとえば，メディアの暴力と攻撃行動との関係については多くの議論がある。テレビでたくさんの暴力場面を見ている人は，より攻撃的であることを示す相関研究がある。しかし，テレビの暴力映像を見ることで，より暴力的に**なる**のだろうか。それとも，攻撃的な人は，攻撃的でない人よりもテレビの暴力映像を見るのが**好き**なのだろうか。あるいはもっと別の要因（たとえば家庭環境など）があるのだろうか。こうした例には，十分に批判的な目を向けておく必要がある。

研究結果が**正（プラス）の相関**（positive correlation）を示すかもしれない。（たとえば庭に干してある洗濯物が多い家ほど子供の数が多い）。

別の研究では**負（マイナス）の相関**（negative correlation）が示されるかもしれない（たとえば歯医者を怖がる度合いが強い人ほど，歯科医院を訪れる回数が少ない）。

2つの変数の間になんら関係もない場合には（たとえばそばかすの数とＩＱ），この2変数は**無相関**，あるいは**無関連**であるという。

> **練習問題 14**
> 以下に述べる相関は正の相関か，それとも負の相関か。
> 1．気候が暑くなるほど，アイスクリームの売り上げが伸びる。
> 2．ポニー（小型の馬）のサイズが小さければ小さいほど，その価値が高くなる。
> 3．値段が安いほど，売り上げが伸びる。
> 4．お行儀が良い子供ほど，しかられることが少ない。
> 5．カロリー摂取量が少ないほど，体重が軽い。

**相関的方法の一般的な利用法**

心理学では相関が一般的によく利用される。たとえば

・心理テストにおいて検査・再検査の**信頼性**を測定するとき。もし今日テストを受け，次の週に同じテストを受けた場合，同じ点数をとるだろうか。
・双子研究で，**一致率**（concordance rate）を計算する場合。双子の片方が青い目をしているとき，もう片方の双子も青い目をしている確率はどれくらいか。
・過去に研究者の統制の及ばない状況で生じた出来事の変化（*ex post facto* change）と現在研究している変数との間の関係をみるとき。例としては幼少の頃の読書量と16歳のときの学業成績の関

係など。
・実験的に操作することが非倫理的であるような2つの事象間の関係についての研究の場合。たとえば暴力場面のあるテレビ番組だけを見せて育てる子どもグループを作って攻撃性が高まるかどうか調べるのは，倫理的ではない。

### 相関的方法の長所
・自然な状況で発生する変数間の関係を調べることが可能。
・相関的研究は傾向性を示唆することができ，実験的な手段による因果的な結びつきを明らかにするための研究につながる。

### 相関的方法の限界
・相関的な技法によって，原因 - 結果関係（因果関係）についての結論を引き出すことはできない。
・結果に影響を与える可能性のある他の変数を統制することが大変困難。
・相関分析を行ったときに，変数間になんら関係が見出せないことがある。しかしこの場合にも，変数間に**曲線的な関係**がある場合がある。**散布図**（scattergram）にはこれが示される。常に散布図を描くことが重要な理由がここにある。

相関データの解釈と分析についての詳細は，本書のセクション9で解説する。

### 練習問題　15
1．正の相関の例を1つ考えなさい。
2．負の相関の例を1つ考えなさい。
3．自宅でのテレビ視聴時間と自動車事故との間に強い負の相関があるというデータが発表されたとする。この結果から，「テレビは

視聴者に安全運転習慣について教えているに違いない」という主張がなされた。この説明は受け入れられるか。また，この結果に対する別の説明も考えさい。

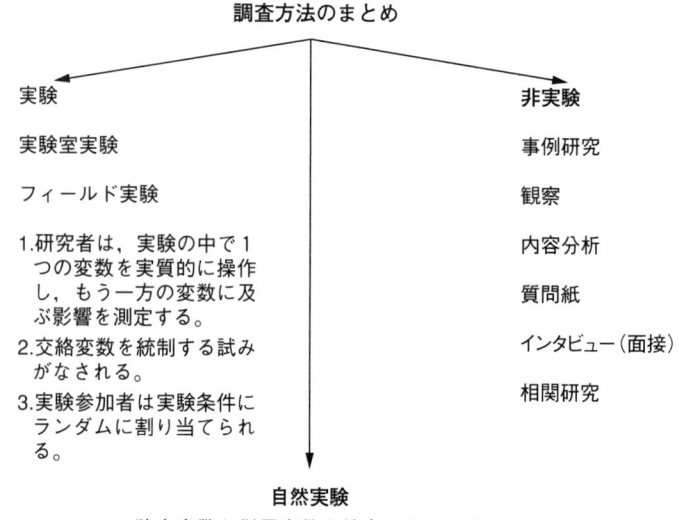

## 調査方法のまとめ

**実験**

実験室実験

フィールド実験

1. 研究者は，実験の中で1つの変数を実質的に操作し，もう一方の変数に及ぶ影響を測定する。
2. 交絡変数を統制する試みがなされる。
3. 実験参加者は実験条件にランダムに割り当てられる。

**非実験**

事例研究

観察

内容分析

質問紙

インタビュー（面接）

相関研究

### 自然実験

独立変数と従属変数を特定することは可能だが，変数の変化は，研究者の統制によるものではない。環境要因の影響を受けやすい。

### 準実験

独立変数と従属変数を特定することは可能だが，参加者を各実験条件にランダムに割り当てることはできない。

## ◆——質的研究法と量的研究法

「準備」の節（p.15～）で説明したように，学問としての心理学は，ほかの自然科学と同じように，長いあいだ**科学的方法**の重要性を強調してきた。このことは，数量的データを集め，それを統計的に分析する研究の重視につながった。いわゆる**実証的**（empirical）アプローチである。**量的**（quantitative）という用語は，「量を測る（quantify）」という動詞に由来する。つまり，ものを数えたり，それに数量的な値を割り当てたりすることを意味する。この方法は**量的パラダイム**と呼ばれることも多い。一例に，ピーターソンとピーターソン（Peterson & Peterson, 1957）による無意味つづりの記憶研究がある。この研究では，参加者は「WID」や「HEQ」のような無意味つづりのリストを提示され，それらを記憶するように求められた。そして，提示直後や，さまざまな時間間隔を空けて，それを思い出すよう求められた。研究者の興味は，いくつの無意味つづりを思い出せるかにあった。また別の例はアッシュ（Asch, 1955）の有名な同調に関する研究である。この研究で彼は，サクラたちがわざと間違えた答えに，**何人の参加者が，何回の試行で同調したか**を数えた。

2つ目のアプローチは，**質的パラダイム**と呼ばれるものである。質的研究に共通するテーマは，参加者の状況に対する主観的な見解を明らかにしたり，参加者の行動に対する別の人の主観的な見方を明らかにすることにある。こうした研究は数量的な尺度に変換されない，話されたこと，書かれたもの，あるいは視覚的な材料についての詳細で自由な分析がなされることが多い。質的アプローチを好む研究者は，質的方法は文脈に縛られている（結果は，その結果を集めた状況においてのみ意味がある）と指摘する。彼らは，心理学は個人にとっての事象の意味を研究すべきであり，この意味は，歴史的，社会的，文化的

な関係の文脈のなかで構成されていると主張する。こうしたアプローチを**構成主義**（constructivism or constructionism）という。一例に，バートレット（Bartlett, 1932）の物語の記憶に関する研究がある。彼は人がどれぐらい物語を思い出せるかではなく，**何を思い出すか**を調べた。その結果，記憶は個人が所属している文化の中で経験したことに適合するよう，変形することを示した。たとえばある物語の中の「アザラシを狩りに川へ行く」という記述が，しばしば「魚釣りに行く」に変えられた。もっと革新的な例がグリフィン（Griffin, 1985）の研究である。グリフィンは半構造化インタビュー，観察，事例研究を用いて，学生という立場から就職市場へと出て行くときの若い女性たちの知覚について，質的な研究をした。グリフィンは次のように書いている。

　私は若い女性たちの経験を文化的文脈の中におくことができた。……質的方法を用いたことで……若者の失業率が上がっている時期におけるこれらの女性たちに関連した文化的，社会的過程の影響の強さを検証することが可能となった。……私はこの研究を，（ダイナミックな）フェミニストの立場から行った。
　　　　　　　　　　　　　　　　　　　　　　　　　　　　(1995, p.120)

　質的方法を使うべきだと主張する人々が用いるアプローチの多様さは，もっと伝統的な実証主義的アプローチで研究を行う研究者のそれに劣らず多岐にわたっているということを十分に理解しておく必要がある。控え目な見解としては，研究を行なう際，研究参加者がその研究状況をどのように**知覚し解釈する**かについてのデータを集めることが重要だと力説する研究者がいる。急進的な側には，いかなる実験も避け，すべての社会生活を談話（discourse）あるいはテクストとみなす研究者がいる。

**質的方法と量的方法をどう使い分けたらよいか**

この問題に対する答えは,実施される研究の性質や,研究者の研究哲学によって違う。

もし,研究参加者が催眠状態にあるかそうでないかによって,物が30個乗っているトレーの記憶がより正確かそうでないかに興味があるのなら,統制された実験を行い,結果を数量化することに意味がある。もし催眠状態にあるときの参加者の経験に関心があるのなら,質的方法を用いるだろう。質的方法と量的方法の**両方**を用いることが生産的な研究をするうえで有用だと主張している研究者もいる(たとえば,シルバーマン(Silverman, 1977))。この考え方はほかの社会科学ではすでに確立されたアプローチであり,たとえば社会学を学ぶ人にとっては「トライアンギュレーション(方法論的複眼)」(研究においては少なくとも2つの視点を比較するべきであるという考え方。たとえばインタビューによるデータと自然観察によるデータを比較すること。p.216参照)はお馴染みのものだろう。このことは研究方法の多様化,さまざまなタイプのデータの収集,結果の相対的な強さ・弱さのより深い理解へとつながる。

---

**練習問題 16**

以下の見出しのもと,下に挙げられている用語を整理した表を作りなさい。

「量的方法にもっとも関連するもの」「質的方法にもっとも関連するもの」

主観的/高い信頼性/非構造化デザイン/自然的場面/客観的/豊かなデータの産生/個性記述的/構造化デザイン/人工的場面/法則定立的/低い信頼性/もっぱら研究者によって手続きが決められる/厳格な統制/研究間の比較可能性の低さ/より現実的な結果

質的データの分析方法については，セクション14で詳しく述べる。

セクション3
# 研究デザイン

◆研究デザイン
　独立群デザイン
　反復測定デザイン
　マッチドペアデザイン
　単一参加者（被験者）デザイン
◆発達心理学の研究デザイン
　縦断的研究
　横断的研究
　コーホート研究

◆———研究で用いられる実験デザイン

　心理学的研究で一般的に用いられる**実験デザイン**には，**独立群デザイン**（independent groups design），**反復測定デザイン**（repeated measures design），**マッチドペアデザイン**（matched pairs design），**単一参加者デザイン**（single participant design），**縦断的研究**（longitudinal study），**横断的研究**（cross-sectional study），**コーホート研究**（cohort study）がある。

　研究法（実験的・非実験的）と研究デザインを混同してはならない。

・独立群デザイン（独立測度デザイン，独立参加者デザイン，群間デザインと呼ばれることもある）：研究に2つ（あるいはそれ以上）の条件があり，それぞれの条件で，異なる参加者が検査の対象となる。たとえば記憶実験において，1つの条件では単語をす

ぐに思い出してもらうが，もう1つの条件では，単語を翌日思い出してもらう。それぞれの実験条件の参加者は，別の人びとである。

・**反復測定デザイン（関連測度デザイン，関連サンプルデザイン，群内デザインと呼ばれることもある）**：同じ参加者が2つ（あるいはそれ以上）の条件の検査を受ける。たとえば記憶実験で，同じ参加者が，直後と翌日の両方で単語リストを思い出すよう求められる。すべての参加者が，すべての実験条件を体験する。

・**マッチドペアデザイン**：異なる条件に異なる参加者を割り当てるが，このデザインでは，研究者は慎重に，実験の結果に影響を与えるであろうと予測される変数（たとえば，年齢，IQ，性別，文化的背景など）が条件間で釣り合うようにする。

・**単一参加者デザイン**：ただ一人の参加者だけが実験に参加する。現在ではあまり一般的なデザインではないが，古い研究では用いられたことがある（たとえば，エビングハウス（Ebbinghaus, 1885）は，彼自身の記憶力を徹底的に調べた）。単一参加者デザインは，研究者によって変数が操作される実験方法であり，事例研究とは異なる。

### 練習問題 17

以下のそれぞれの実験に用いられている実験デザインのタイプを述べなさい。

1．赤ん坊たちに2種類の図形を提示し，それぞれの図形を凝視していた時間を測定する。
2．異なる環境で育った猫の知覚能力の違いを比較する。
3．20人の生徒に知能検査を行い，その1ヶ月後，練習セッションを与えたときの効果を見るために，もう一度知能検査を実施する。その2回の検査結果を比較する。
4．40人学級の20人の10歳児童の読書力と，25人学級の20人の10歳

児童の読書力を比較する。いずれの児童も市街地の学校に通っており，同様の読書法で教えられ，また同程度のIQである。
5．内向的性格の人と外向的性格の人の視覚残効の長さを比較する。
6．同じ学校に通う男子と女子の数学の能力を比較する。

## ◆———それぞれの実験デザインの長所と短所

この問題を考えるとき，仮説を調べるのにデザインの選択がどのように影響するかを考えることが役に立つ。たとえば，学生がワープロを使って小論文を書く場合と，手書きで小論文を書く場合とで，成績に違いが見られるかどうかを調べるとする。

- **独立群デザイン**を用いる場合，異なる学生が調査対象となり，したがって2つの条件（ワープロと手書き）で，書かれる小論文も異なる。このことが結果にどのように影響するだろうか。
- **反復測定デザイン**を用いる場合，学生は1つはワープロで，もうひとつは手書きで，両方の条件で小論文を書くことになる。このほうがより良い結果を得られだろうか。
- **マッチドペアデザイン**では，2つの条件に異なる学生を割り当てることになるが，通常の成績が釣り合うようにされる。これはうまくいくだろうか。

上記の例の場合，独立群デザインはあまりうまく機能しない（非常にたくさんのサンプルを得られるなら，うまくいく可能性もあるかもしれない）。何らかの差異が見られたとしても，それは小論文が異なる基準で書かれたためとも解釈できてしまう。

しかし，独立群デザインが最善の方法となる場合もある。次のよう

な同調実験を考えてみよう。参加者は，別の参加者が書いたとされる次のような「ニセ」の情報を見せられる。1つは（a），もう1つは（b）で，次いで参加者はポットの中にいくつの豆が入っているかを尋ねられ，その数を書くよう求められる。

| (a) | 40 | 42 | 40 | ___ | ___ |
| (b) | 70 | 68 | 70 | ___ | ___ |

参加者には，「あなたがこの実験に参加した4番目の人です」と告げる。（実際の答えは55個。）この場合，独立群デザインを用いると効果をよく測定できる。反復測定デザインを用いることはできるだろうか。できないとしたらなぜだろうか。

## 独立群デザイン

### 長　所
・**順序効果**（order effect）を考慮する必要がない。
・各群に完全に同じ実験材料を用いることができる。
・検査する際，各群の時間間隔を空ける必要がない。

### 短　所
・参加者変数が統制されていない。各条件の参加者が異なっているということが，なんらかの重要な差異を生じさせているかもしれない。この影響は参加者を各群に**ランダムに割り当てる**ことによって解消するよう試みることが可能だが，いつもそうできるとは限らないし，それでうまく行くという保障もない。たとえば，実験デザインに関する問題を次の2つのグループの学生に出し，その解答を比較してみよう。1つのグループの学生は，この本を読み，もうひとつのグループの学生は別の本を読んだとする。その

結果この本を読んだ学生のほうが成績が良かったとする。しかし残念ながら、この結果がこの本のおかげかどうかは不確かなのである。なぜなら、実験デザインについて非常によく理解している学生が、一方のグループに偏っていたかもしれないからである。
・反復測定デザインに比べて2倍の参加者を必要とする。たとえば、それぞれの群に15人の参加者が必要だとしたら、2群ある場合には合計30人の参加者が必要になる。反復測定デザインでは、合計15人ですむ。

## 反復測定デザイン

### 長　所

・まったく同じ参加者をそれぞれの実験条件に割り当てる。したがって、研究目的に関係のない参加者変数が結果に影響する心配をする必要がない。日常よく使う単語のアナグラム（不完全単語：たとえば、be○u○if○l）と日常あまり使わない単語のアナグラムの解答の速さを比較する場合、反復測定デザインでは、一方の条件の参加者のほうが他方の条件の参加者よりアナグラム課題が得意かどうかを心配する必要はない。参加者全員が、両方の条件で検査されるのだから。
・あまりたくさんの参加者を見つける必要がない。

### 短　所

・順序効果（order effect）の問題がある。参加者は2つ、あるいはそれ以上の課題を行うことになるので、最初の課題の経験が次の課題に影響を及ぼす可能性がある（先ほどのアナグラム課題を例にとると、日常よく使う単語のアナグラムを解くことで、日常あまり使わない単語のアナグラムを解く時間が速くなるかもしれない）。この影響を統制するためには、**カウンターバランス化（相**

殺化）(counterbalancing) を行う（たとえば半数の参加者には課題Aを先に実施し，次に課題Bを実施する。残りの半数の参加者には課題Bを先に実施し，次いで課題Aを実施する）。詳細はセクション7（p.92）を参照。
・条件と条件の間に時間を空ける必要がある。なぜなら，参加者が疲労したり，飽きたりするからである。そのため実験時間が長く，より複雑になる。
・条件ごとに異なる材料を準備する必要があるかもしれない。記憶実験に反復測定デザインを用いた場合，同じ単語を覚えるよう参加者に求めることはできない。同等の単語リストを作成することは難しいだろう。
・参加者は2つの条件を比較して，研究の中身を推測してしまうかもしれない。そのため結果が**要求特性**（セクション5，p.77‐80参照）の影響を受けて複雑になる可能性がある。
・課題と課題の間に参加者がいなくなってしまうかもしれない。最初の課題が本当につまらないものだったら，参加者は次の課題を受けたくなくなってしまう。

## マッチドペアデザイン

### 長　所
・順序効果の問題は発生しない。
・条件間の休憩時間を必要としない。
・各群に同じ実験材料を用いることができる。

### 短　所
・非常に時間がかかる。よく釣り合う参加者を得るのに，綿密な背景調査を必要とする。
・参加者を一人失うことは，ペア一組を失うことにつながる。

・どんなに実験を綿密に計画しても、結果に影響を与えるすべての変数を統制できるとは言えない。見過ごした1つの変数が、結果に重大な影響を及ぼしているとわかるかもしれない。

単一参加者デザイン

長 所
・多大な訓練が必要なとき、このデザインが有効。

短 所
・結果を一般化することができない。
・選んだたった1人の参加者は変わり者かもしれない。

### 練習問題 18
以下の研究の実験デザインの、長所と短所を1つずつあげなさい。
1．空腹感が食べ物に関連した単語のアナグラム課題に与える影響を調べるために反復測定実験を行う。
2．アナグラム課題の成績に及ぼす性差の影響を比較するために、マッチドペア実験を行う。
3．アナグラム課題に及ぼす練習効果の影響を調べるために、独立群実験を行う。

◆───発達心理学の研究に用いられる実験デザイン

もちろん、これまでに述べてきた実験デザインも、発達研究で利用される。しかし、これらの実験デザインに加えて、年齢に関わる変化についてのデータを集めるために、次に紹介する3つのデザインも良

く用いられる。

- 縦断的研究
- 横断的研究
- コーホート研究

**縦断的研究**

この方法では，ある一定期間ずっと，**同じ個人**が研究の対象となる。ロジャー・ブラウン（Brown, 1973）の研究では，同じ3人の子供の言語発達を2年間にわたって研究した。

**長 所**
- 個人個人が自分自身と比較される。そのため**参加者の多様性**を統制することができる。
- 養育に影響を与える長期的な要因を明らかにできる，唯一確かな方法。縦断的研究では，出来事が起こったそのときにデータを集める。したがって，データに不備があったり，何らかのバイアスがかかっている可能性の高い回顧的データには依存しない。

**短 所**
- 研究に時間がかかり，費用もかかる。
- 参加者が途中で脱落したり，あるいはどこかへ移って探し出すことが難しくなることがある。そのため縦断的研究には，参加者の数が少ないという問題がどうしても生じてしまう。また，最初のサンプルと最後のサンプルとが十分比較可能ではない場合には，検査／再検査の信頼性の問題もある。
- 再現することが困難。

縦断的研究デザインは反復測定デザインの一種である。したがって，反復測定デザインと同じ長所，短所をもっている。

**横断的研究**

このデザインでは，ある課題の成績を，異なる年齢層の集団間で比較する。非常に多くの研究が，異なる年齢の子供の知能の発達を比較している。たとえば4歳の子供20人，8歳の子供20人，12歳の子供20人を比較すること。

**長　所**
・縦断的研究ほどの時間はかからない。
・研究の再現がしやすい。
・年齢群間の差異を取り出し，それをあとで縦断的研究を使うなどして，より徹底して明らかにすることができる。

**短　所**
・観察された年齢群間の差異は，調べている変数ではなく，交絡変数の影響によるものかもしれない。たとえば，8歳児はすでに3年間学校に通っているが，4歳児はまだ遊び集団に加わったことも保育園に行ったこともないかもしれない。
・横断的研究は，個人それぞれの成長過程については何も触れることができない。
・**コーホート効果**が起こるかもしれない。コーホート効果とは，違う時代に生まれた人は，まったく違う人生経験をもつので，年齢集団間の違いが年齢そのものの影響とは関係がないかもしれないことを意味している。1988年に70歳の人たちと，20歳の人たちを比較するとしよう。70歳の人たちは世界大戦を切り抜けている。おそらく結婚していて，子供もいるだろう。何年も働いているだ

ろう。20歳の人たちは、こうした経験のいずれかでもしている者は少ないだろう。このとき、たとえば道徳的態度の違いを、年齢による違いと言えるだろうか。あるいは、人生経験の異なる2つの20歳のグループ間に、似たような差異が見られるだろうか。

**コーホート研究**

コーホート研究では異なる年齢層のグループに所属する人々について、何年かにわたり追跡的に調査する。3歳児集団を5年間、8歳児集団を5年間、13歳児集団を5年間調査したとする。

```
グループ1    3歳 ──────→ 8歳
グループ2              8歳 ──────→ 13歳
グループ3                        13歳 ──────→ 18歳
```

この5年間で、3歳から18歳までを研究の対象としていることになる。

つまり非常に広範な年齢範囲を、あまり時間をかけずに研究の対象にできるという長所がある。しかし次のような点を統制できないという短所がある。

・参加者変数
・異なる人生経験

もし先ほどの研究を1998年に始めるとする。すると3歳児集団は1995年生まれとなり、2013年にようやく18歳になる。この子供たちの人生経験は1985年に生まれて2003年に18歳になる子供たちと同じではないだろう。社会の変化がどんなに早いかを考えてみよう。

**練習問題 19**

1. 離婚が子供に与える影響について，20年にわたる縦断研究を行うとする。最初に予備的研究を行なうことがなぜ重要か述べなさい。
2. 横断的研究において参加者の個人差が問題となるのはなぜか説明しなさい。
3. コーホート効果とは何か，説明しなさい。
4. コーホート研究と比較したときの縦断的研究の長所と短所を1つずつあげなさい。

## セクション 4
# サンプリング法

◆対象母集団
◆サンプリング法
　無作為サンプリング
　機会サンプリング
　系統サンプリング
　層化（層別）サンプリング
　割り当てサンプリング
　自薦サンプリング
　スノーボールサンプリング
◆サンプルサイズ

## ◆───サンプリング（標本抽出）

　研究の目的と仮説が決まったら，誰を研究の対象とするか，その人たちをどうやって選ぶかということを決めなくてはならない。つまりサンプルは誰かということだ。（もちろん，動物を研究する場合や，内容分析を実施する場合にも**サンプリング**（sampling）について考えなくてはならない。）

　まず，どんな集団（**ターゲット母集団**）に興味があるのかをはっきりさせる。**ターゲット母集団**は，「研究しようと思っている集団のすべての成員」を指す用語である。したがって，ターゲット母集団の性質は研究目的によってさまざまである。6歳の女の子と6歳の男の子の身長を比較したいとすると，ターゲット母集団はすべての6歳児になる。生物学教員の心理学に対する態度を調査したいという場合には，

ターゲット母集団はすべての生物学教員となる。

ターゲット母集団と母集団一般の違いをはっきりさせておく必要がある。ミルグラムの服従研究（Milgram, 1963）のターゲット母集団を学生に問う試験問題を例にとろう。ミルグラムはアメリカ合衆国で発刊されている新聞に広告を出して，参加者を募った。ここでのターゲット母集団は，すべてのアメリカ人ではなく，新聞広告を見たすべての人々となる。

通常，ターゲット母集団のすべての人々を検査することはできない。そのため，ターゲット母集団を代表するサンプル集団の参加者を選ばなくてはならない。

> **練習問題 20**
> 次の研究のターゲット母集団を述べなさい。
> 1．男性と女性の読書習慣についての比較研究。
> 2．10匹中9匹の猫はある特定のキャットフードが好きかどうかを明らかにする研究。
> 3．猫の飼い主がある特定のキャットフードの宣伝を信じているかどうかの研究。
> 4．広場恐怖症に対する認知療法の効果を調べる研究。
> 5．1歳児の遊びに関する調査研究。

### サンプル選択の方法

上述したように，母集団全体を代表するサンプルを選択する必要がある。この時，結果の妥当性を低めるような代表性の低いサンプルや，**バイアスのあるサンプル**（biased sample）を選ばないよう極力努めなければならない。以前，アメリカでは政治に対する意見の世論調査を電話で行っていた。しかし当時の世論調査会社は，電話を持っている

のは裕福な家庭だけだということに気づかなかった。つまり世論調査の結果はきわめて不正確なものだった。

ターゲット母集団からサンプルを抽出する方法は，いくつかある。

### 無作為サンプリング

**無作為サンプリング**（random sampling）はバイアスがかからないという点で理想的である。しかし，この方法でサンプルを抽出するには非常に時間がかかり，またお金もかかるので，心理学ではほとんど利用されない。ランダムにサンプルを抽出するためには，ターゲット母集団のすべての成員を特定し，母集団内のどの人も等しく選ばれる可能性がある方法で，必要とする参加者を選ぶ。たとえば，母集団成員すべてに番号を振り，乱数表を用いて必要な数のサンプルを抽出したり，母集団成員すべての名前カードを袋に入れ，必要なサンプル数に達するまで名前カードを取り出す。

**無作為サンプリングでは，ターゲット母集団のすべての成員に，等しく選ばれる可能性があるということが重要である。**

### 機会サンプリング

**機会サンプリング**（opportunity sampling）は非常によく使われる方法である。この方法では，調査の基準を満たし，協力を依頼する用意ができていて，協力する準備のある最初の人々を選ぶ。機会サンプリングでは，バイアスのあるサンプルとなるかもしれない。なぜなら研究者は，自分が所属している社会集団や文化集団の人びとに依頼しやすいからである。友人や家族をサンプルにすれば研究がしやすい。しかし，こうした抽出法で本当に調べたい調査対象母集団を代表するサンプルが得られるだろうか？

上述のような問題があるにもかかわらず，心理学の研究では機会サンプリングが広く用いられている。簡便でお金がかからないというのがその理由だろう。すべての「健常な」人間で機能すると想定できる

過程の研究（たとえば認知心理学の一定領域の研究）を行うときは，機会サンプリングでも完全に対処できる。

自然実験（つまり，実験者による統制とは別の要因によって独立変数が変化するような実験）を実施する場合には，機会サンプリングを用いなければならないだろう。帝王切開出産で生まれた子供の調査を考えてみよう。どの赤ん坊が帝王切開で生まれるかはコントロールすることができない。おそらく数がかなり少ないため，すべての該当者を研究対象にすることになるかもしれない。

---

**無作為サンプリングと機会サンプリングは同じではない**

ある大学に通う学生から，20人の参加者を無作為サンプリングによって抽出するためには，大学に通うすべての学生の名簿を手に入れ，一人一人に固有の番号をつけ，そのなかからランダム（無作為）に20人の学生を選び，選ばれた学生を探しに行くことになる。

機会サンプリングを使ってその大学に通う20人をテストする場合は，おそらく，最初に出会った20人に頼むことになるだろう。

---

**系統サンプリング**

系統サンプリング（systematic sampling）はサンプルを抽出するまた別の方法である。この方法では，たとえばターゲット母集団の中の8番目，15番目，あるいは100番目（何番目でもよい）ごとに選択する。もし授業の履修登録名簿から早い順に3番目，次の3番目というように順に選んでいけば，これが系統サンプリングである。もし3番目の人ごとに頼むとすると，該当者がどんな人であろうとも，その人物を調査サンプルに含めなければならない。こうすることで，機会サンプリングに起こりがちなバイアスの発生を避けることができる。し

かし，参加者は無作為に選ばれているわけではない。母集団メンバーのすべてに等しく選ばれるチャンスがあるわけではないからである。系統サンプリングは，少なくとも小さなターゲット母集団の場合には，**適度**に簡便で，有効な方法である。

**層化（層別）サンプリング**

一方，**層化（層別）サンプリング**（stratified sampling）は時間もかかり非常に難しいサンプル抽出法である。しかしターゲット母集団を正確に代表するサンプルを抽出できる。この方法では，母集団全体にかかわる変数を考慮に入れる必要がある。母集団の中に男性が何割いるのか，女性が何割いるのか，60歳以上の人の割合，16歳以下の人の割合，高校レベルの数学を学んでいる人の割合，中流階級の割合，外国生まれの人の割合，などである。

この方法は，できるだけ小さなサンプルサイズで，有権者全体の意見を代表するようなサンプルを選び出す**世論調査**に用いられることが多い。ここで抽出されたサンプルは，年齢，性別，職業などについて，有権者全体を代表するものでなくてはならない。もし，有権者全体の1パーセントが専門職に従事している25歳以下の女性であるなら，サンプルの1パーセントも専門職に従事している25歳以下の女性でなくてはならない。

**割り当てサンプリング**

層化サンプリングでは，参加者は先述のような基準ごとにランダムに抽出される。**割り当てサンプリング**（quota sampling）もこれに似ているが，この方法では基準ごとに機会サンプリングによってサンプルを選び出す。層化サンプリングよりも迅速に，安い費用で実施することができることから，市場調査に良く用いられる。たとえば市場調査員に，事務労働に従事する男性20人と，肉体労働に従事する女性20人にインタビュー調査をするよう依頼するが，対象者は機会サンプリング

によって選んでよい。したがって，機会サンプリングと同じバイアスを受けやすい。たとえば，調査員は同じ会社で働く20人の女性にインタビューするかもしれない。

**自主的サンプル**

**自主的サンプル**（self-selected sample）（あるいは，ボランティアサンプル）は，たまに使われる方法で，次のような2つの方法で選ばれる。

- 参加者は広告に応じてきたボランティアかもしれない。（以前に触れたミルグラムの服従研究（Milgram, 1963）が，このケースの有名な例の一つである。）この場合，サンプルにバイアスのある可能性に十分注意する必要がある。なぜならある種の人々は，ボランティアとして参加したいという気持ちがほかの人々よりも強いかもしれないし，ボランティア参加者は実験者を喜ばせたいという気持ちが特別強いかもしれない。
- 参加者はある特定の時間に特定の場所を通りかかったという意味で，自主的である。たとえば，横断歩道で運転手が一時停止するかどうかを調査するとき，サンプルは自主的に，たまたまちょうどその時その場所を車で走っていた人々から成る。（研究者は，誰であれ道路を運転していた人をあてにしなくてはならない。）

**スノーボールサンプル**

最後に，**スノーボールサンプル**（snowball sample）があり，ときどき使われることがある。この方法は，参加者を見つけるのが困難なときに利用される。ヘロイン中毒者の研究をするとしよう。始めに一人のヘロイン中毒者から始め，その人に他の中毒者の名前を教えてくれないかと頼む。こうして雪だるま式に，次々に中毒者を紹介してもらう。ある種の特別な母集団から参加者を探すとき，この方法が参加者

を探す唯一の方法となるだろう。

> **練習問題 21**
> 次の各タイプのサンプリング方法の長所と短所を1つずつあげなさい。
>
> 無作為サンプリング　　　　割り当てサンプリング
> 機会サンプリング　　　　　スノーボールサンプル
> 層化サンプリング　　　　　自主的サンプル
> 系統サンプリング

**サンプルサイズ**

サンプリング方法を決めたら，次にサンプルの大きさを決めなければならない。**ターゲットサンプルの大きさ**，研究者が利用できる**人的金銭的資源**，用いる**サンプリング方法**などによって異なるので，はっきりとした答えを言うことは難しい。

・まず，統計的な手法を用いるなら，最低限必要なサンプル数を念頭に入れておく必要がある。2×2の$\chi^2$（カイ2乗）検定を実施する場合，参加者数が20人を下回ると検定の信頼性が落ちる。（1つのセルに該当するサンプル数が5を下回ることは，$\chi^2$検定では好ましくない。）
・第2に，サンプルサイズはターゲット母集団の大きさによる。総選挙の有権者は，地方選挙の有権者よりもずっと多いので，選挙世論調査にも大きなサンプルサイズが必要になる。母集団を正しく代表するのに十分なサンプルが望ましいが，しかし，無作為サンプリングや系統サンプリングによって慎重に選ばれた30人の参加者から得られる結果は，飲み屋で機会サンプリングによって選

んだ1000人から得られる結果よりもずっと意味がある。サンプルサイズがすべてではない。
- 第3に，研究の重要性の問題がある。もし結果が政策決定に用いられるのなら，得られた結果ができるだけ確実である必要がある。そして授業課題で必要とされるサンプルよりもずっと大きなサンプルが必要となるだろう。
- 最後に，サンプルサイズは調査につぎ込める時間と人的，金銭的資源に依存している。（1人だけで調査をする場合と100人の協力者を得て調査をするのでは，調査のコストも規模もまったく違うことが容易に理解できるだろう。）

心理学で利用されるサンプルの大きさは，上記の要因の妥協で決まる。一般的にはできるだけ大きなサンプルを用いるが，しかし，**常に大きなサンプルを用いることが，貧弱な実験デザインやバイアスのかかったサンプルを補正するわけではないことを覚えておかなくてはならない。**

誰もが影響を受けるであろう独立変数（たとえば記憶過程）を調査する実験研究では，25人から30人のサンプルでも，学術雑誌に掲載するのに十分なサンプルとなる。課題研究の場合には，それよりもうすこし小さなサンプルでも大丈夫だろう。たぶん15人の参加者に対して反復測定デザインの実験を行ったり，30人の参加者を半分ずつ別の条件に割り当てる独立群デザインの実験で十分である。授業課題で実施する観察研究や臨床インタビューに，あまりたくさんの参加者を募るのは現実的ではない。質問紙研究では，より多くの回答者を使ってよいだろう。

### 練習問題 22

1．無作為サンプリングと機会サンプリングの違いを説明しなさい。
2．雑誌「プレイボーイ」に載っている性に関する質問の回答があ

てにならないのはなぜか。回答したのはどんなサンプルだといえるだろうか。
3．研究に用いるサンプルサイズに影響を与える要因を3つ挙げなさい。
4．大学生に学部や学科選択の理由を問う調査を実施するとする。どのようにサンプルを選択するか。
　・無作為サンプリングで50人選ぶ
　・層化サンプリングで50人を選ぶ
　・割り当てサンプルで50人選ぶ
　・機会サンプルリングで50人選ぶ

## セクション5

# 実験のバイアス

◆社会的状況としての実験
 実験者バイアス
 参加者の期待と要求特性
◆バイアスの可能性を低める
 単純目隠し法
 二重目隠し法


◆───**社会的状況としての実験**

　心理学研究の大半は人間にかかわるものである。このことが，心理学研究を自然科学のそれよりもずっと複雑なものにしている。硫酸銅と硫酸を混ぜたとしても，試験管の中の分子は，なぜそんなことをして，何を証明しようとしているんだろうかなどと考えたりしない。植物から光を遮っても，植物は「ほらきた，光合成の実験だ。今度は何をしようか？」とは思わない。しかし人間は内省する。心理学者が何をしているのか，なぜそんなことをしているのかと考える。

　研究者も人間である。人当たりの良い人もいれば悪い人もいる。魅力的な人もいればそうでない人もいる。実験手続きに忠実に従う人もいればそうでない人もいる。

　こうしたことすべてが，結果に影響する。

### 実験者バイアス

心理学の研究では、実験者自身が何らかの形で実験結果に影響を与える。バーバー（Barber, 1976）は、以下のような実験者の要因が結果に影響を与える可能性があると指摘している。

- **標準的な手続きや教示からの逸脱**。この影響は自明である。
- **結果の記録ミス**。こういう不注意が実験結果に影響をおよぼすことも明らかである。
- **結果の何らかのでっち上げ**。この最も有名な事例はおそらく、カーライル・バートの双子のIQ一致率の研究である（Burt, 1958）。この研究の中で報告された値は、改ざんされていた。つまり、でっち上げられたものだった。
- **個人属性**。先述したように、研究者は性別、外見、人種、物腰、アクセントなどがみな異なる。たとえば大柄なスコットランド人男性に対する反応と、均整のとれたフランス人女性に対する反応とでは、違ってくる可能性がある。
- **期待効果**。実験者は参加者に対して無意識のうちに研究の目的や、どう振る舞ってほしいかを伝える手がかりを与えてしまっている可能性がある。

女性は風景に人が映っていない写真よりも、人が映っている写真を好む傾向があるという仮説を検証する実験を行うとする。この2種類の写真をペアにして参加者に見せるとき、参加者が人の映っていない写真を選んだときには無意識のうちにがっかりした様子を示し、人の映っている写真を選んだときにはうれしさを表してしまうとする。こういう振る舞いが社会的な強化子となり、参加者の写真選択に影響を及ぼすかもしれない。

ローゼンタール（Rosenthal,1966）の研究はこの影響を見事に示している。彼は学生たちに「迷路天才」あるいは「迷路オンチ」と名づけたラットを与え，どれだけ早く迷路を学習できるかの実験をさせた。実際にはこの2種類のラットにまったく違いはなかった。しかし，ラットにつけられた名前に沿った方向で，結果が違ったのだった。ラットの行動は，実験を行った学生たちの期待の影響を，何らかの形で受けていたのである。

初期の双子のIQに関する研究もまた，この点をよく示している。カミン（Kamin, 1974）は，シールズ（Shields, 1962）の研究を吟味したが，いくつかの事例では，彼自身が双子をペアでテストしていた。そのときに得られたIQ差は8.9点だった。別の双子の場合には，テストは2人の実験者によって独立に行われ，このときの差は22.4点だった。このことからカミンは，「実験の結果は，実験者による期待の影響を強く受けている可能性がある」と結論付けている（Kamin, 1974: pp.74）。

### 練習問題 23

以下の研究で，どんな実験者効果が影響を与えるか考えなさい。

1. 男性面接者が，妊娠について女性に尋ねる。
2. 横断歩道のすぐ横に立った観察者が，子供たちの道路横断状況を観察する。
3. 氷水にどれだけ長く手を入れていられるかという実験を，ものすごく魅力的な女性が実験者になって実施する。
4. 先生と高校3年の生徒が，高校3年生が週にどれくらい宿題をやっているかについてインタビュー調査する。

## 参加者の期待と要求特性

人間について研究する心理学は，生きた，感覚が繊細な生き物を扱

うために避けられない問題を抱えている。人はロボットのようには振舞わない。実験への参加を依頼したとき，依頼された人たちはすぐに「フロイト……セックス……」といった考えが頭に浮かんでしまうかもしれない。

　実験，インタビュー，事例研究などの心理学的研究は，1つの社会状況なのである。そして他の社会状況と同じように，参加者はこれから何が起こるのかを解釈しようとするだろう。何が調査されるのか，研究者は何をしてほしいと期待しているのか，研究者は何を明らかにしたいと思っているのか等々を，参加者は読み取ろうする。そして，期待に応えるかどうかを決める。このことが問題を生じさせる。参加者は，以下の4種類のうちの1つの反応をするだろう。

・**影響を受けない参加者**：参加者はできるだけ自然に振舞おうとする。
・**過度に協力的な参加者**：参加者は，研究者が彼らに何を期待しているのかを理解しようとし，大変協力的である。「私にどんなことをしてほしいのですか」と尋ねることさえあるかもしれない。
・**つむじ曲がりの参加者**：参加者は，研究者が彼らに期待していることを見破ろうとする。そうすればまったく反対のことをしたり，明らかにおかしな回答をしたりできるからである。たいていの場合，意地悪そうな笑みを浮かべるので，見分けがつく。
・**緊張した参加者**：研究に参加しているという事実に強く圧倒されてしまい，パニックに陥ったり，自分の本来の性質とは異なる振る舞いをしたりする。

　もちろん本当に研究に必要なのは「影響を受けない参加者」である。でもどうやって見つけたらよいだろうか。残念ながらそれを知る術はない。結局「非常に協力的」「つむじ曲がりの」「緊張した」人に実験参加を依頼せざるを得ない。オーン（Orne, 1962）は「**要求特性**

(demand characteristics)」という言葉を作ったが，これは研究の中で何が起きるのかということを，参加者に何らかの方法で解釈させてしまう研究状況を指している。参加者が要求特性に気づくと，それに適したように自分の行動を変化させてしまう。カードウェルも，「実験の中で"要求"されていることに自分の行動を合わせてしまうことによって，参加者が実験結果を汚染してしまうようなバイアスを持ち込むことになる」と述べている（Cardwell, 1996, pp.67）。

オーンは催眠研究を行っていたとき，要求特性の分野に興味をもつようになった。彼は，まったく無意味な課題を作れば，そんな課題を長時間やり続けることができるのは催眠状態だけであろうと考えた。彼は参加者に足し算問題のシートを渡した。最初のシートのすべての計算が終わったら，そのシートを8片にちぎって捨て，次のシートの計算をするように求めた。オーンは参加者が「もういやだ」というまで，この課題を続けさせた。しかし，催眠状態にない参加者の何人かが，いつまでもこの課題をやり続けたのだった。たとえばある参加者は2時間以上も続けたので，研究者のほうがその人をずっと観察しているのに飽きてしまい，止めさせたのだった。課題終了後，どうしてそんなに長時間，課題をやり続けたのか尋ねたところ，彼はこの研究はあきらかに我慢強さを検査しているから，この検査で高得点をとろうと決めたんですと答えた。彼の全行動は，置かれていた状況に対する彼自身の解釈の影響を受けていたのである。

参加者は，次のような要因の影響を受ける可能性がある。

・参加者をとりまく環境
・研究者の特性
・研究者の行動
・実験状況下で何が起ころうとしているのかについての参加者の解釈

よく練られた実験デザインは，上記のような要因の影響を極力最小

限に抑えようとする工夫がなされている。

- 環境による影響を最小限に抑えられるよう，実験環境をできるだけ自然な状況に保つとよいだろう（統制しなくてはならない交絡変数があるかもしれない）。
- 同じ結果が得られるかどうかを確認するために，複数の実験者で実験を行う必要がある。
- **標準化**された実験手続きに従い，期待していることを伝えないよう，実験者を注意深く訓練しなくてはならない。
- 実験の最後に，実験中どんなことをしていると考えていたか，またそのことが彼らの行動にどのような影響を与えたかを参加者に尋ね，質的なデータを収集しておくことも可能である。

　要求特性の観点からよく批判される有名な実験に，バンデューラたちの「ボボ人形研究」がある（Bandura, Ross & Ross, 1963）。この中の1つの実験で，バンデューラは子供たちを大学に連れて来て，そこで空気人形を乱暴に扱っている大人の映像を見せた。その後，子供を映像で見せたのと同じ状況に置いた。子供たちは大人の行動を真似た。しかし子供たちは，そうするよう期待されていると考えていたのだと思われる。（この実験は，模倣によって子供たちが学習できることを示した。しかし，この発見をテレビ視聴のような実生活に一般化できるだろうか。）

---

参加者がバイアスを受けていたかどうかを確認するために，実験終了後に参加者から質的データを収集することが有効である。どんな研究だと思っていたか，どうしてそのような回答をしたのかを参加者に尋ねてみよう。彼らの答えは，要求特性に関する興味深いデータを提供してくれるだろう。

## ◆───バイアスを抑える

完全に取り去ることが難しいバイアスがたくさんある。そのため研究者は，研究を計画するとき，この問題に敏感であることが大変重要である。

バイアスを抑えるためにさまざまな方法が用いられるが，ここでは3つの方法を紹介する。

・単純目隠し法
・二重目隠し法
・偽装

**単純目隠し法**（single blind procedure）では，参加者は自分たちが参加している研究がどんな研究かは知っているかもしれないが，自分たちがどの条件に割り当てられているかは知らない。たとえばビタミンCをサプリメントで摂取すると，風邪が軽くてすむかどうかを検証する研究を行うとする。この方法では参加者に研究内容の詳細を知らせてよい。もしこの実験が価値ある実験だと参加者が思ったら，彼らは実験に全面的に協力してくれるだろう。実験には2つの実験条件があることも参加者に伝えてよい。1つの条件では1グラムのビタミンC錠剤を毎日摂り，もう1つの条件ではビタミンC錠剤に形も味もそっくりの偽の錠剤を毎日摂る。ただし，参加者は自分たちがどちらの条件に割り当てられたかは知らない。したがって参加者の予期を統制することになる。

しかしながら，**実験者**がどちらの錠剤を参加者に渡すかを知っていたら，錠剤を渡すときにわずかな振る舞いの差が生じるかもしれないという可能性がまだ残る。**二重目隠し法**（double blind procedure）を

使えば，この点も統制することができる。ここでは錠剤を手渡す実験者は，2つのビンのどちらにどの錠剤が入っているかを知らない。ただ，1つの条件の参加者にはAのボトルの錠剤を，別の条件の参加者にはBのボトルの錠剤を渡すとだけ知っているが，どちらのボトルがビタミンC錠剤でどちらが偽錠剤かは知らない。実際の実験状況にタッチしない研究者だけがボトルの中身を知っている。つまりこの方法は，参加者の予期と**実験者バイアス**（experimenter bias）の両方を統制していることになる。

実験の目的を参加者が推測できないようにするもう一つ別の方法に，**偽装（欺き）**（deception）がある。もちろんこの方法は，実験に参加する前に参加者に十分説明して同意を得ることができないから倫理的な問題がある。しかし特に研究の本質を明かしてしまうと，明らかに参加者の反応に影響を与える場合，偽装が用いられることは珍しくない。たとえばアッシュ（Asch, 1955）は，同調実験において，参加者に「この実験は線分の長さの知覚に関する調査です」と説明した。もちろんここでは同調実験を行っていると参加者に告げて，参加者が自然に振舞うと期待することはできないのは明らかだ。こういう策略がどれだけ成功するかについては，議論の余地がある。（この点については，セクション8の研究倫理のところで詳細に触れる。）

### 練習問題 24

1. 新しく開発された「メモレード」という清涼飲料が試験の成績を向上させるかどうかを検査するために，単純目隠し法も含めて，どのような工夫をすればよいか述べなさい。
2. 新しく改良された湿布薬と従来の湿布薬のどちらが捻挫の治療に効果的かを調べる実験を行うとする。二重目隠し法を用いてどのように実験を組み立てるか述べなさい。

## セクション6
# 信頼性と妥当性

◆信頼性
◆妥当性

## ◆──信頼性

**信頼性**（reliability）は，すべての実証研究にとってたいへん重要である。（質的研究の場合，その性質上再現が難しいので，常に重要だとは言い切れない。）どんな結果であっても，その結果を別の研究者が再現できるかどうかは重要である。最初の発見を一般化するためにも，一貫した結果が得られる必要がある。こうしたことが満たされているなら，（つまり結果を再現できるなら），その測定指標は**信頼性がある**といえる。

### 信頼性を測定する方法

信頼性の問題は心理学のさまざまな問題に当てはまる。二人の評定者の評定ないし評点が一致するかどうか（評定者間信頼性），心理テストが一貫した結果を示すかどうかなどがその例である。

**評定者間信頼性**（**判定者間信頼性**，**記録者間信頼性**とも呼ばれる）

は，同じものを測定している複数の人びとの間の，一致の程度を問題にする。高い一致が見られれば，評定者間信頼性が得られたと言える。

もし3人の教師が多肢選択試験問題の採点をしたとき，この3人の間にはかなり高い一致が見られるだろう。これは**採点者間信頼性**が高いといえる。しかし全く内容が同じレポートでも，ワープロで書かれたもの，きれいな字で書かれたもの，かろうじて判読可能な字で書かれたものを採点する場合，得点の一致度は低くなるだろう。つまり採点者間信頼性が低いということになる。

**採点者間信頼性**は，**観察研究**や**内容分析**ではとりわけ重要である。起こっていることに対して2人以上の評定者が同意しないなら，誰も結果に確信がもてない。

**テスト信頼性**は次の3つの方法で測定できる。

- **再検査信頼性**：同じ集団が同じテストを2度受ける。そして2度のテスト得点の相関を計算する。**正の相関**が高かった場合，再検査信頼性が高いという。
- **折半信頼性**：テストの内的一貫性を測定する。ある質問項目群の偶数番号の得点と奇数番号の得点を比較して同様の値を得たとする。これは折半信頼性が高いと言えるだろう。
- **等価信頼性**：同じテストであるが，2つの形式がある場合がある。（たとえばアイゼンクの作成したパーソナリティテストにはフォームAとフォームBの2種類がある。）等価信頼性を検証するためには，この2種類のテストを両方行い，両方のテストで近い得点が得られるかどうかを見る。もし両方で近い値が得られたとすると，等価信頼性が高いと言える。

**研究結果が再現できること，つまり信頼性が高いことが非常に重要である。心理測定尺度は高い信頼性をもたなければならない。**

**練習問題 25**
1. 教師の小論文の採点が信頼できるかどうかを確かめる方法を2つ挙げなさい。
2. 朝の連続ドラマが始まると，例外なくあなたの犬が散歩を催促する。このことが信頼性のある発見かどうかを説明しなさい。
3. ヨーロッパに統一通貨を導入しようという案に対する態度について調べる質問紙を作成した。どうやってその質問紙の信頼性を確認するか。

◆───妥当性

いかなる種類の研究においても，実際に測定していると思っているものが実際に測定されていることが重要である。**妥当性**の問題には3つの側面がある。**内的妥当性**（internal validity），**外的妥当性**（external validity），**テスト妥当性**（test validity）である。

### 内的妥当性

研究中に観察された効果は，本当に独立変数の操作によって得られたものだろうか。

たとえば，雑音条件と静寂条件でアナグラム（つづり換え問題）を解く能力が異なるかどうかを確かめるため，独立群デザインを用いた実験を行ったとする。実験の結果，雑音条件での成績が静寂条件での成績よりも良いことが示された。この差は独立変数（雑音の大きさ）の操作によるものだろうか。それとも，こうした差を生む統制不可能な変数や実験デザインの不備の影響によるものだろうか。ひょっとすると参加者変数が統制されておらず，雑音条件のすべての参加者はア

ナグラム課題を解くのが上手な人たちだったかもしれない。あるいは，テスト条件が十分に統一されておらず，雑音条件は静寂条件とは異なる時間帯に検査が行われていたかもしれない。

こういう問題があると，研究の内的妥当性に疑問が投げかけられることになる。

### 外的妥当性

研究結果に内的妥当性があると確信をもったとしても，この結果を他の集団，他の状況，他の時代の人々に応用することができるだろうか。

研究結果を他の集団の人びとに一般化できるかどうかを，ブラクトとグラス（Bracht & Glass, 1968）は「母集団妥当性」と呼んでいる。また彼らは，結果を他の「状況」に一般化できるかどうかを生態学的妥当性と呼んでいる。**生態学的妥当性**（ecological validity）とは，ある研究で得られた結果を，その研究の状況を離れた別の状況に一般化ができるかどうかを言う。自然な状況では同じ結果が得られないかもしれないという点で，実験室研究は生態学的妥当性が低いと言える。FEPやKUVのような3文字単語の記憶が，買い物リストを思い出すというような，現実生活における記憶現象を必ずしも説明してくれるわけではない。しかし，自然な状況で研究が行われたというだけで，即，それが生態学的妥当性が高いことを意味するわけでもない。ピリアビン，ローディンとピリアビン（Piliavin, Rodin & Piliavin, 1969）は，ニューヨークの地下鉄車内という実生活の状況下で，援助行動に関する有名な研究を行っている。しかしながら，彼らの結果を他の状況に一般化することができるだろうか。はたして田舎町のバスの中で同じ結果を見出すことができるだろうか。

その研究が実施された状況とは別の状況でも同じ結果が得られるときのみ，その研究は生態学的妥当性をもっていると言える。

**テスト妥当性**

これは,あるテストが測定すると想定されているものを測定しているかどうかを言う。

#### 例

あるテストが信頼できるが妥当ではない,あるいは妥当ではあるが信頼できないということが十分ありえる。1本足でどれだけ長い間立っていられるかを測定する場合には,ある程度一貫した(したがって**信頼性**のある)結果を得ることができるだろう。しかしこの結果は,知能を測定するのに妥当な測度だとは言えない。(長い間バランスをとっていられたら,知能も高いと考える人も中にはいるかもしれないが。)

攻撃性に関する心理測定テストをして,1回目の攻撃性得点が低かった人が,2回目のテストを受けるまでの間に両親と派手な口論をしてしまい,それからテストを受けたところ,きわめて高い攻撃性得点を示したとする。この攻撃性尺度はかなり**妥当性**が高いと言えるだろう。しかし結果は決して**信頼性**が高いとは言えない。

テスト妥当性を測定する主な方法が5つある。

- **表面的妥当性**(face validity):観察者の目から見て,そのテストが測りたいものを正しく測っていると思えるかどうかを言う。前出の例では,片足で立ち続けることは,知能の測度としては表面的妥当性を欠いている。
- **併存的妥当性**(concurrent validity):テスト結果と,ほぼ同時に測定した,そのテストとは独立の,同じ変数の測度との比較。たとえば数学のテストとその数学のテストを受ける直前に受けた数学標準能力テストとの間には高い一致があると予想される。実際に高い一致が見られたら,両テストの間には十分な並存的妥当性

があると言える。
- **予測的妥当性**（predictive validity）：テストの結果が将来の行動をよく予測しているかどうかの指標。11歳のときに受けた数学標準能力テストが16歳のときに受けた数学の試験の良い予測材料となるだろうか。もし答えが「イエス」なら，予測的妥当性が高い。
- **内容的妥当性**（content validity）：テスト項目は，測定したい領域を適切に網羅しているだろうか。すべの領域を，同じ詳しさで網羅しているだろうか。シラバスのすべての部分からまんべんなく出題されるよう，試験問題は高い内容的妥当性を必要とする。
- **構成概念妥当性**（construct validity）：そのテストはその基礎となる概念を正しく測定しているだろうか。たとえば，さまざまな知能検査に含まれる計算能力，言語パズル，図形パズルは，その検査の作者が定義する知能を測定しているだろうか。

テストと同様，研究においても妥当性が問題になる。研究プロジェクトを実行に移すときには，妥当性の高い測度を用いているかどうかを確認すべきである。たとえば「マッチング仮説」の再現実験をするとしよう。参加者に別々に夫婦の写真を見せて，夫や妻の魅力を評定させる。マッチング仮説によると，夫婦の評定の相関が高くなる。（マッチング仮説では，人は自分と似た身体的魅力をもつ相手と結婚すると予測する。）しかし学生はよく，夫婦の写真を新聞などから切り抜いて半分にしたりするので，片方の耳がなかったりする。それをコピーして評定者に見せ，魅力の評定を求めるが，なんとも間の抜けた，ぼやけた写真となる。このような写真が魅力度を測定するのに妥当性の高い指標と言えるだろうか。もちろん言えない。

信頼性や妥当性の問題は，**質問紙やインタビュー**による研究についても当てはまる。よほど例外的な状況でない限り，質問紙やインタビューなどで同じ質問を2度されても，答えは同じになるだろう。質問紙やインタビューでは，測定しようとすることが実際に測定できるよ

う質問をきちんと言語化し，表面的妥当性を維持する必要がある。

### 練習問題 26

1. 朝の連続ドラマが始まると，飼い犬が散歩を催促する。これは犬がこの番組を嫌っているからだと結論づけることに妥当性があるか。
2. 18歳のときの試験の成績が，最終学位を予測する妥当な指標だということを検証するには，どうしたらよいか。
3. 不安尺度は妥当性が高くても信頼性が低いのはなぜか，説明しなさい。
4. IQテストは信頼性が高くても妥当性が低いのはなぜか，説明しなさい。

## セクション7

# 実験の統制

◆統制変数
　標準化された手続き
◆カウンターバランス化
◆交絡変数
　恒常誤差
　ランダム誤差（確率誤差）

◆───統制変数

　研究を計画するときには，実際の研究対象ではなくても結果に影響を与える可能性のある要因を，できるだけ多く統制したり除いたりすることが大変重要である。たとえば記憶の研究をするとき，ある人には夜9時に暑くてうるさい部屋の中で実験をし，別の人には朝9時に快適な状態で実験したら，あまり賢明とは言えないだろう。雑音の大きさや実験を行う時間帯など，記憶に影響を与えそうな要因を統制する必要がある。

　しかし，状況を厳密に統制しすぎると，問題が起きる。あまりに人工的になりすぎて，得られた結果を他の状況に一般化できなくなってしまう。つまり**生態学的妥当性**に欠けることになる。たとえば，記憶に関する多くの研究では，実際の単語を用いる代わりに，無意味なつづり語（はよじ，ぐえく，るいを　など）を用いて，単語の熟知度の違いを統制する。しかし実生活で無意味つづりを学ぶことがどれほどあるだろうか。もちろんこのように厳密に統制された実験によって知

ることのできる有用なこともあるが，生態学的妥当性を欠く可能性があるということは，念頭に置いておかなければならない。

### 研究手続きの標準化

すべての研究に適用される統制条件が2つある。**標準化**された手続き（standardized procedure）と**教示**（instruction）である。**標準化された手続きを使う**ということは，実験のすべての段階において，すべての参加者を同じように扱い，彼らが同じ経験をするということを意味する。手続き上のわずかな違いであっても，参加者に予想もしないような影響を与えるかもしれない。標準化された手続きを用いることで，すべての参加者が同じ経験をするであろうから，**要求特性を統制**するのに役立つこともある。また，研究に加わる実験者全員が同じ手続きを踏むので，**実験者バイアスを統制**する役にも立つだろう。

参加者全員にまったく同じ教示を用いる**標準化された教示**も，同じ理由で用いられる。

## ◆──カウンターバランス化

カウンターバランス化（相殺化）は，参加者が二つ以上の作業課題を行うときに起こる**順序効果**を統制するために用いられる。**反復測定デザイン**では，参加者は少なくとも2つの課題を行なうので，1つ目の課題に取り組むことが2つ目の課題に影響を及ぼすということが大いに起こりえる。これが順序効果と呼ばれるものである。つまり**1つの課題が次の課題に影響を与えるとき，順序効果が生じる**。

#### 例

ある知能テストの等価信頼性の研究をするとしよう。つまり，その知

能テストの2バージョンで，参加者がほぼ同じ得点をとることができるかどうかを調べようというわけである。この場合，参加者にテストAとテストBの2種類のテストに回答するよう求めることになる。しかし，最初に行ったテストの経験が次のテストの成績に影響を及ぼす可能性がある。1つ目のテストを行って，参加者は疲れてしまうかもしれない。また，**練習効果**（practice effect）が生じる可能性もある。つまり，2番目のテストの成績が良くなるかもしれない。こういう影響を統制するために**カウンターバランス化**を行う。半分の参加者には最初にテストAを，続いてテストBを実施する。もう半分の参加者には最初にテストBを実施して，次にテストAを実施する。

### 練習問題 27

次のような反復測定デザインを用いるき，実験材料をどのように提示してカウンターバランス化すればよいだろうか。

1. コカコーラとペプシのどちらの味が好みかを調べるための検査をする。
2. 採点の正確さを調べるために，5人の採点者にまったく同じ2つの小論文を採点してもらう。
3. フロイトの性シンボルの検査をするため，学生たちに三角形の顔の絵と丸い顔の絵を提示し，それぞれの顔の名前を考えさせる。

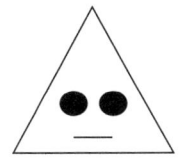

◆───**交絡変数**

　実験を行うとき，独立変数のほかにも実験結果に影響を与えるものがある。それが**交絡変数**である。もっと正式に言うと，交絡変数とは，**なんであれ，実験を実施するときに，意図されずに独立変数に影響を与えるかもしれない変数のことである。**

- 交絡変数は，参加者全体に恒常的に影響を与えるかもしれない。このような場合を**恒常誤差**と言う。
- 交絡変数には，参加者に**ランダム**（無作為）に影響を与えるものもある。これは**ランダム誤差**と呼ばれる。

**恒常誤差**

　一方の実験群には晴れた日にテストし，もう一方の群には雨の日に行ったとしたら，**恒常誤差**が生じるだろう。たとえば，長いスカートを履いた女性が本を落としたときと，同じ女性が短いスカートを履いているときに本を落としたときの，どちらの場合に男性がより多く援助するかを調査するとしよう。そして長いスカートを履いていた日は天気が良く，短いスカートを履いていた日は天気が悪かった。さて，意外にも女性が長いスカートを履いていた場合のほうが男性の援助回数が多かったとしても，その結果は「天候」という交絡変数の影響を受けて生じたのであり，スカートの長さとは無関係かもしれない。

　上記の例のような恒常誤差はとても深刻で，偽の結果を導いてしまう可能性がある。統合失調症の生化学研究史をひもとくと，恒常誤差にもとづく誤りの例がいろいろ見られる。ある研究で，統合失調症者は健常者よりも体内のヨウ素レベルが低いことが発見された。そのた

め低ヨウ素レベルと統合失調症との間には何らかの結びつきがあるという仮説が導かれた。しかし後に，この研究に参加した統合失調症者は（彼らはすべて同じの病院の患者だった），低ヨウ素の食事をしていた。このような食事が，結果に影響を与えた恒常誤差だったのである。

**ランダム誤差（確率誤差）**

　研究者による操作の及ばない変数の変化があり，それが参加者にランダムに影響を与える場合，**ランダム誤差**が生じる。こういう変数を**ランダム変数**という。たとえば，ある参加者はそのとき気分が悪かったり，別の参加者はメガネを忘れたり，3人目の参加者は誰かと口論をしたばかりだったりなどがこれに該当する。こういう，個々の参加者に影響を与える出来事については，通例，深刻には考えられていない。なぜなら，おそらく実験の過程で，おのずからバランスがとれるだろうからである。

　ランダム誤差を低減させる技法の1つは，参加者をランダムにそれぞれの条件に割り当てることである。この方法が絶対確実というわけではない。ランダムな選択をしても，均衡がとれた配分ができるとは限らないからである。しかしこの方法は，ある程度潜在的なバイアスを統制するのに役立つ。

### 練習問題　28
1. 以下の用語の意味を述べなさい。
   ランダム誤差　　恒常誤差　　順序効果　　カウンターバランス化
   交絡変数　　　　標準化された教示　　　標準化された手続き
2. ある研究者が反復測定デザインを用いて，2つのビデオ映像の記憶実験を行った。映像Aには自動車事故が，映像Bにはおぼれかけている少年を助ける名犬ラッシーの姿が映し出されていた。

（a）どのようなランダム誤差が生じる可能性があるか，指摘しなさい。またどうしたらそれを統制できるか，提案しなさい。
（b）どのような恒常誤差が生じる可能性があるか，指摘しなさい。またどうしたらそれを統制できるか提案しなさい。
（c）参加者にどんな順番で映像を見せたらよいか述べなさい。

## セクション8
# 文化的バイアスと研究倫理

◆研究の文化的背景
　自民族中心バイアス
　文化バイアス
　男性中心バイアス
◆研究における倫理的問題

◆─── 民族中心バイアス，文化的バイアス，男性中心バイアス

**民族中心バイアス**は，サンプルに1つの民族集団だけを用い，その結果を他の集団にも一般化できると仮定する場合に生じる。

**文化的バイアス**は，1つの文化（あるいは下位文化）のサンプルだけを用い，その結果を他の文化にも一般化できると仮定する場合に生じる。

**男性中心バイアス**は，男性だけを研究対象とする場合に生じる。

心理学では，現代の白人欧米人の行動を「正常」とみなし，すべての人間の行動の一般化の基礎とできると見なす傾向があった。さらに悪いことに，自分の所属する文化や民族集団が他の文化や民族集団よりも優れているという，暗黙の仮定があった。

子供の養育行動の研究では，社会学者が言ういわゆる「コーンフレーク・パケット・ファミリー」，つまり，夫，妻，子供の家族構成が標準であり，そのような環境で子供を養育するのが「最善」だという

想定があるように思われる。家族構造は文化によって大きく異なるし，また1つの文化の中でも大きく違っているという事実があるにもかかわらず，そのように見なされているのである。たとえば，欧米社会ではこの200年あまりの間に，家族構造が激変した。これには産業化や交通網の発達などの要因が関わっている。現在のイギリスやアメリカで当たり前なことも，50年あるいは250年前には決して当たり前ではなかったし，また，必ずしも他の国々でも当たり前というわけではない。それにもかかわらず，コーンフレーク・パケット・ファミリーが子供の養育に関しての基準とされ，他の養育方法が比較，評価されることがあまりにも多い。

　事態をもっと悪くすることに，教科書に引用されている非常に多くの研究では，サンプルに男性だけが用いられており，また，未だに心理学の大部分の教師や研究者が男性であるというのも事実である。グリフィン（Griffin, 1991）はじめ多くのフェミニストが，男性の主観的な経験は，社会の優位集団のメンバーであるという視点を反映していると論じている。道徳性の発達についての研究を学べば，コールバーグ（Kohlberg, 1969）の道徳性の発達段階の研究を批判したギリガン（Gilligan, 1982）の主張を目にするだろう。コールバーグは男の子に，道徳的ジレンマに直面したときどのように振舞うかをインタビューし，それにもとづいて正義と論理性にもとづく道徳性の発達段階を提唱した。ギリガンは，女の子の場合，道徳的思考は思いやりと対人関係にもとづいており，コールバーグの知見はジェンダーバイアスがあると主張した。ここで問題となっているのは，どちらが正しいかということではなく，コールバーグが男の子に対して行った研究の知見を，女の子にも一般化できると考えたという点にある。

　多くの研究で，研究の参加者が大学生であったという，もう一つ別のバイアスもある。バレンタイン（Valentine, 1982）は，イギリスやアメリカで行われた研究の75％が，大学生について述べたものだと推定している。私もかつては大学生だったわけであるし，大学生が**異常**

な集団であると主張したいのではない。しかし年齢，社会階級，教育などの点で，大学生はバイアスのある母集団を形成している。たとえば，大学生が高齢の年金生活をしている人たちと同じように反応するだろうか。

社会心理学の研究に目を向けると，これらのバイアスに由来する問題が鮮明になる。アッシュの同調実験で，男子白人大学生から得られた結果を，中年の中国人女性に一般化することが本当に可能だろうか。そういう一般化が正しいということがわかる場合もあるかもしれない。しかし，確かめる前にそうだと仮定すべきではない。同調行動が文化によってさまざまであることを示す研究がいくつかある（Berry et al., 1992 参照）。独立心を強調する文化もあれば，共同作業と従順さに価値をおく文化もある。コーン（Kohn, 1969）の研究では，社会階層が異なれば，こういう違いがアメリカという一国の中でさえ起こることが示されている。

研究を実施するに当たって，民族的・文化的なバイアスの可能性を考慮する必要がある。またこういうバイアスが，結論をいかに制限するものであるかについても，熟慮する必要がある。

## ◆——研究における倫理的問題

研究のデザインを考えるとき，自分自身が本当に参加者として研究に参加してみたいかどうかを，問いかけてみる必要がある。心理学では，われわれは生きた対象を扱っている。彼ら彼女らに，敬意を払うべきである。

よく本に載っている有名なミルグラムの「電気ショック」実験や，ジンバルドーの「囚人」実験については，良く知っているだろう。しかし，自分たちの研究はこういう研究とはずいぶんかけ離れているので，倫理の問題についてはそれほど心配する必要はないと考えていな

いだろうか。自分たちは参加者を牢屋に入れるわけではないのだから，と。

心理学コースの課題実験の例をいくつか挙げるだけでも，人をぞんざいに扱うことがいかにたやすいかがわかるだろう。そういう実験の参加者になったとしたら，どう感じるだろうか。

・高校3年生を評定者にして，1年生と2年生の学級で，その子たちの「魅力度」を評定した。
・これからBCGの注射を受ける女生徒たちに，注射はとても痛いと信じ込ませ，大きな注射器を見せて，これが使われると言った。
・高校の1年生と2年生が，2人の3年生から，義理の両親に対する気持ちを尋ねる質問紙を渡された。

この種の研究は本当に倫理に適っているだろうか。

1960年代，人間や動物を用いた研究における倫理についての問題が真剣に議論されるようになり，以来，倫理規定が作成されてきた。ここではその要旨についてだけ触れておく。より詳細な倫理規定については，心理学の考え方についての本を参考にしてほしい[訳注]。心理学実験の研究デザインをするときには，倫理的な問題について考慮しなくてはならない。

人間を対象にした研究を実施するときには，以下に述べる点への配慮が重要である。

・研究に参加する前に，十分な説明にもとづいて参加者の同意を得

---

[訳注] 日本には次のようなものがある。
アメリカ心理学会（1992）『サイコロジストのための倫理綱領および行動規範』冨田正利・深澤道子（訳）社団法人日本心理学会。

る必要がある。研究で16歳以下の子供を対象とするときには，両親あるいは保護監督者の同意も必要である。（これは，生徒の代わりに両親や先生に同意を求めればよいということを意味しているのではない。もし，十分に説明を理解できる年齢であれば，当該の生徒にも同様に同意を求める必要がある。）

- 研究目的に関して，参加者を欺くようなことがあってはならない。ただし，研究の実際の目的を知ることが，参加者の反応に影響を与えてしまうという問題が持ち上がることがある。たとえば知覚的な構えの研究をする場合，参加者にこの実験は，あいまいな図形がネズミや人間に見えるかどうかを調べるものだと説明することはできない。説明した段階で，参加者は図形にネズミや人間を探そうとしてしまう。
- 上記のような場合には，検査が終わった段階で，十分な**デブリーフィング**を行う必要がある。おそらくちょっとした欺きであったなら，誰も不服は述べないだろう。**しかし，不服があったときは，その実験をやめるべきである。**デブリーフィングは実験終了後，できるだけ速やかに行うことも重要である。実験について，偽の情報を与えられたままだと感じるのは，参加者にとって決して良い気分ではない。
- 研究への参加をいつでも取りやめられるし，データが利用されることを拒むこともできることを，はっきりと参加者に伝えるべきである。
- 参加者を**リスクやストレス**にさらしてはならない。これは文化的な問題に敏感であることも含まれる。罵声語知覚に関する研究は，若者にとってはそれほどストレスを感じないかもしれないが，お年寄りにとっては非常にストレスが高いかもしれない。
- すべての結果を機密にしておく必要がある。そして，参加者の名前をレポートの中で参照できないようにしておかなくてはならない。

- 観察研究を実施する場合には，十分な説明にもとづいた合意を得られなかったり，調査後にデブリーフィングをすることが十分にできないかもしれない。このような場合，倫理規定では，参加者が，自分たちの行動を見知らぬ人たちに見られているかもしれないと予測できる状況でのみ，彼らを観察できるとしている。観察研究では，個人の**プライバシー**を犯さないことが重要であり，また文化的な違いに敏感である必要がある。
- もう一つ重要な問題として，研究者は参加者に自分が持ちあわせていない能力をもっていると主張してはならない。不安障害の研究をしているからといって，セラピストと同じことができるわけではない。専門家の知識が必要な分野について，自分がその研究をする能力を本当に持ちあわせているかどうか，注意深く考えなくてはならない。メンタルヘルスに関する事例研究や，傷つきやすい個人的な問題に触れたインタビューを実施できる能力が，本当にあるだろうか。
- **専門家としての資格**をもっていない限り，心理学的な問題についての診断や相談ができるなどと言ってはならない。最も重要なことである。

## 偽装（欺き）のジレンマ

計画している研究が参加者を欺かなければならないとしたら，どうすべきだろうか。

- あなたが関心をもっている母集団と同じような社会的・文化的背景をもつ人々に，自分が計画している研究について説明し，彼らが参加してくれそうかどうかを調べる。こうすることで，反応への感触を得ることができる。
- 調査の最後に，その研究について十分なデブリーフィングをしな

くてはならない。参加者が不服を唱えたら，すぐに中止しなければならない。デブリーフィングは参加者 1 人 1 人に，検査が終わるごとにすぐに行う必要がある。デレルバとホッジス（Dellerba & Hodges, 1998）の調査によると，小さな欺瞞は，**研究が終わった段階ですぐに説明がされれば気にならないが**，しかし説明が遅れると，馬鹿にされたように感じるということが見出されている。
・参加者が研究参加を止めたいと言ったり，データを利用しないでほしいと言ったときには，それを認めなくてはならない。

### 練習問題 29

以下の研究から，どんな倫理的問題が生じるか考えなさい。

1. 高校 3 年生の生徒が，小学校 5 年生と 6 年生の生徒たちを学校の廊下で呼び止め，ビンの中に入っている豆の数を推測するよう求めた。その数を書くように渡された紙片のうち，半分の子供たちの紙片には実際より多い推定値が 3 つ書いてあり，半分の子供たちの紙片には少ない数の推定値が 3 つ書いてあった。
2. 心理学の先生が学生に，前期の講義単位を落としたと伝え，なぜ自分たちが単位を落としたと思うか，その理由を書かせた。先生は，単位を落としたことに対して内的な理由を述べるか（たとえば，私は心理学が得意ではない），それとも外的な理由を述べるか（たとえば，先生の教え方が悪い）に興味があった。調査後に，彼女は全員に，評価は合格だったと伝えた。
3. バスの中で，たくさんの空席があるにもかかわらず，ある乗客の横に座ったら，その人がどんな行動をするかを観察することにした。
4. 高校 3 年生に対して，お酒が反応時間に与える影響を測定した。
5. 洋装店の試着室に入った客が，服の試着にどれくらい時間をかけるかを調べるための観察をした。

### 動物研究について

このことについては簡潔に触れておく。イギリスの場合，**動物実験を実施するには，研究者は，事前にそのためのライセンスを取得しなくてはならない**[訳注]。そのため，ライセンスを所持していない学生が実施できる動物研究は，観察研究のような非実験的な性質のものになる。もちろんその場合でも，倫理的な問題について考えておく必要がある。たとえば，動物を過度のストレスや混乱状況にさらすべきではない。

---

[訳注] 日本では現在，動物実験を行うためのライセンスは必要とされていない。ただし，実験を行う場合には，各研究機関の定める倫理委員会の承認が必要である。

## セクション 9
# 記述統計

- ◆要約表
- ◆グラフ表示
  - 折れ線グラフ
  - ヒストグラムと棒グラフ
  - 円グラフ
  - 茎葉図
  - 箱ひげ図
  - 散布図と相関
- ◆代表値
  - 平均
  - 中央値（メディアン）
- 最頻値（モード）
- ◆分布曲線
  - 正規分布
  - 歪んだ分布
  - 二峰分布
- ◆得点の散らばり具合の測定
  - 範囲（レンジ）
  - 四分位範囲
  - 標準偏差と分散
- ◆標準得点とＺ得点

## ◆―― レポートでデータを提示する方法

レポートには**記述統計**（descriptive statistics）が付きものである。「統計」ということばにパニックを起こしてはいけない。このセクションに出てくる大部分のことを，すでによく知っているだろう。

記述統計は，その名が示すとおり，研究結果を簡潔に要約する方法であり，それ以上のことはしない。記述統計を用いることで，粗データのリストをそのまま見るよりも，実験結果をわかりやすく提示できる。

> たとえ記述統計についてはよく理解していたとしても，このセクションを続けて読んでほしい。心理学で問題となることは，単なる知識と同じではない。

### よく見ること

学生は,よく粗データをじっくり見ることの重要性と有効性を過小評価する。よく見ることの重要性を過小評価してはいけない。それから,ちょっとした常識の重要性もある。たとえば,ある2つの**平均**は大きく離れているだろうか。もしそうだとしても,さらにより複雑な統計量を計算した結果,2つの平均の間に差が認められない場合がある。とすると,どこかで解釈を間違っていたことになる。

## ◆——表

表は,データの要約を示すための最も基本的な方法である。表には内容をよく伝えるタイトルをつけ,ラベルも明確にすること(以下の例を参考にしよう)。

もし研究仮説が条件ごとの値に差があると予想するなら,少なくとも**代表値**と**分散**の両方を示す必要がある。(この点については,このセクションの後半で詳しく説明する。)たとえば,

| 表9-1 | 3文字組の再生数の要約表 | | |
|---|---|---|---|
| | 直後再生 | 15秒後に再生 | 30秒後に再生 |
| 平均 | 6.7 | 5.1 | 4.2 |
| 中央値 | 6.0 | 4.5 | 4.0 |
| 範囲 | 4 | 6 | 6 |
| 標準偏差 | 1.22 | 2.45 | 2.66 |

もし仮説が2つの変数間の相関を予測しているなら,平均や中央値を示してもあまり意味がない。しかしながら,2つの値の**散らばり**具

合の指標(たとえば**範囲**や**標準偏差**(standard deviation))は有効である。

相関研究の参加者数が少ない場合には,以下に示すように,データをそのまま掲載することもできる。表のリストが長くなる場合には,別表としてレポートの末尾に載せるのがよいだろう。

**例**

**表9-2　ストレス得点(最大値=100)と疾病得点(最大値=40)**

|  | ストレス得点 | 疾病得点 |
|---|---|---|
| 参加者1 | 62 | 14 |
| 参加者2 | 81 | 22 |
| 参加者3 | 44 | 8 |
| 参加者4 | 77 | 22 |
| 参加者5 | 64 | 11 |
| 参加者6 | 88 | 32 |
| 参加者7 | 80 | 30 |
| 参加者8 | 55 | 9 |
| 範囲 | 88−44＝44 | 32−8＝24 |

注:相関分析を用いるならば、散布図を描く必要がある。(p.120-125参照)

## ◆───グラフ

結果を図によって示すのもよい方法である。一口に「グラフ」と呼ばれているものには,実際にはさまざまな種類があり,それぞれ個別の用途がある。

### 折れ線グラフ

 折れ線グラフは，時間軸に沿った傾向や，参加者の経験の変化などを示す。たとえば，室温が単語の再生成績に及ぼす影響を調査したとする。その場合，次のようなグラフを描くことになるだろう。

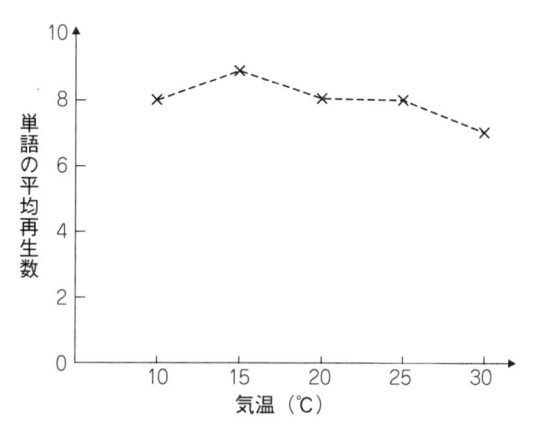

**図9-1 気温が単語の再生数におよぼす効果を示したグラフ**

 注意！　折れ線グラフの場合，横軸に示される測定指標は**離散（不連続）**（discrete）データではなく，連続（continuous）データでなくてはならない。**連続尺度**の場合，目盛りのとり方に制限がない（たとえば，3.5メートル/3.54425メートル，46.8秒/46.701秒）。理論的には，非常に小さな単位まで測定できる。**離散尺度**の場合はそうではない。それぞれのポイントは次のポイントと分離している（たとえば，2.13人の子供がいるとか，5.67語の単語を思い出すなどはありえない）。
　グラフを作成する場合に良くある間違いは，次のようなものである。

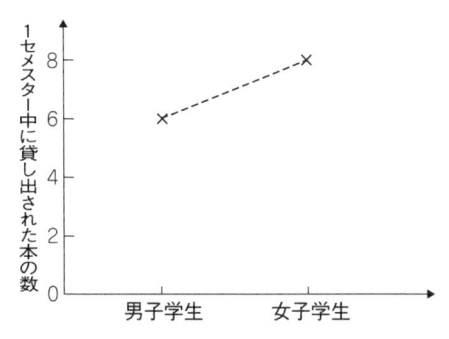

**図9-2　1セメスター中に男子学生，女子学生それぞれが図書館から借りた本の数の平均**

この図では，1学期間に7冊の本を借りる両性具有の学生がいるように見えてしまう。

別の間違いの例は，**横軸に参加者をとり**，その値を結んでゆくものである。学生のレポートを見ていると，こういうグラフをよく目にするが，通常は意味がない。特にパソコンを使って作成したものは見栄えがするが，まったく意味がない。なぜだろうか？

次の2つのグラフを比べて見よう。

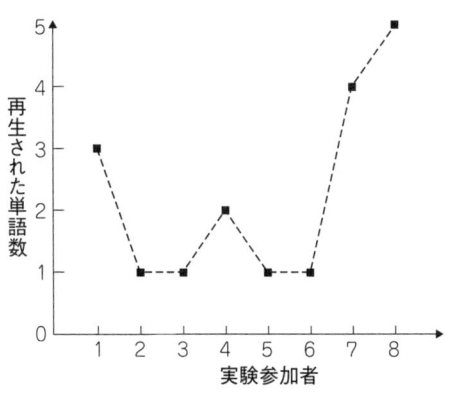

**図9-3　刺激提示から30秒後の単語再生成績**

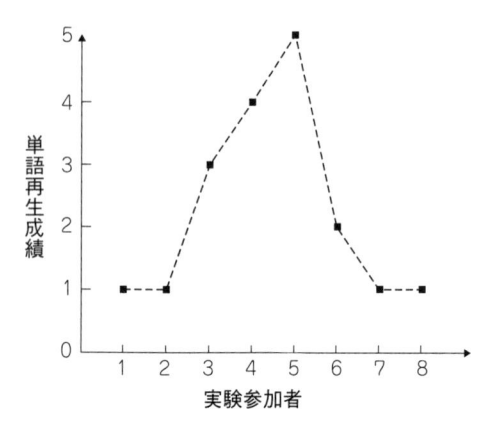

**図9-4　刺激提示30秒後の単語再生成績**

　違うグラフのように見えるが，実際には，これらのグラフに示されているデータはまったく同じである。参加者を違う順序でテストすると，2番目のようなグラフになってしまう。参加者の検査順序は偶然によるものである。したがってグラフの形も偶然ということになる。**「参加者」を横軸にとったグラフを作成してはならない。**

　ちょうどよい機会なので，パソコンを使ってグラフを作成するときの注意点を2つ記しておこう。

・ラベルがきちんとつけられているか確認する。
・グラフを作ることに夢中になってはいけない。有益なグラフこそが唯一必要とされるグラフである。いくら15種類のグラフを作成しても，それがまったく同じことを表しているなら，それはただの無駄骨である。

### ヒストグラムと棒グラフ

この2つのグラフは，まったく同じ性質のものだと思われがちだが，実際には違う用途に用いられる。

**ヒストグラム**は**連続**データを表すのに用いる。カードウェル，クラーク，メルドラム（Cardwell, Clark & Meldrum, 1996）は，ヒストグラムを「出現頻度の分布を示すものであり，それぞれのカテゴリーに含まれる値を縦軸で表したもの」と定義している。測定尺度もしくは階級を横軸にとり，その出現頻度を縦軸に示す。たとえば，

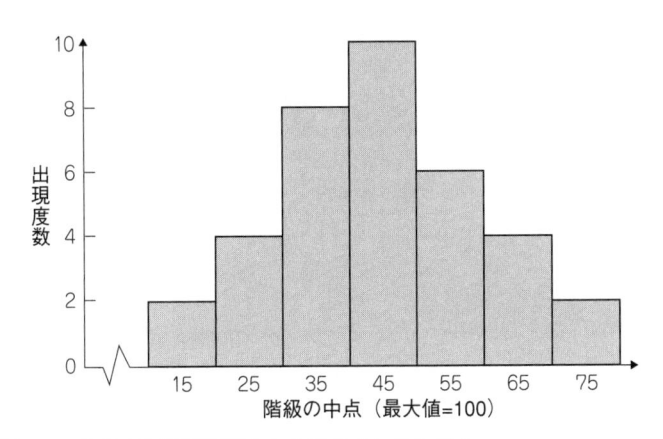

**図9-5 偽の心理検査で得られた得点のヒストグム**

上図の横軸は，下のようにそれぞれの間隔の**範囲**で表示することもできる。

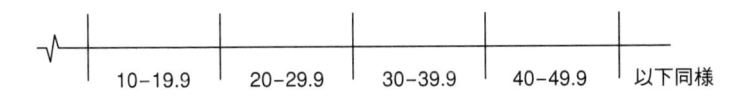

セクション9 記述統計

しかし，これでは煩わしいし，中間の値を表示するほうがわかりやすいだろう。

**棒グラフ**は，男性あるいは女性，国籍などのような，離散型データの場合に用いられる。

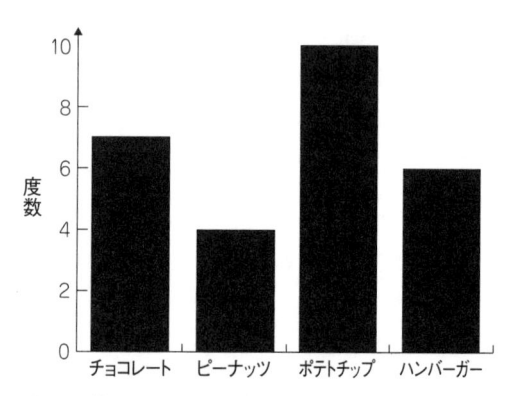

**図9-6  6歳の子供が好んで選ぶ食べ物**

一般に，グラフの棒と棒の間は空けて表示する。

> ヒストグラムも棒グラフも，出現頻度を示すグラフである。

棒グラフやヒストグラムを使い，2つの異なる条件のデータを表示することも有効である。

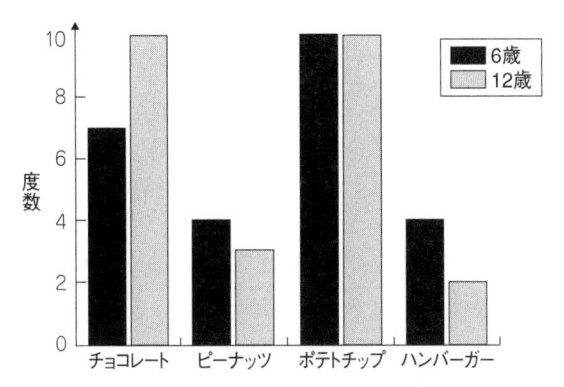

**図9-7　6歳の子供と12歳の子供が好んで選ぶ食べ物**

ヒストグラムのそれぞれの棒の頂点の真ん中に点を打って線でつなぐと，**度数多角形**が描ける。図9-5で示したヒストグラムは，下のようになる。

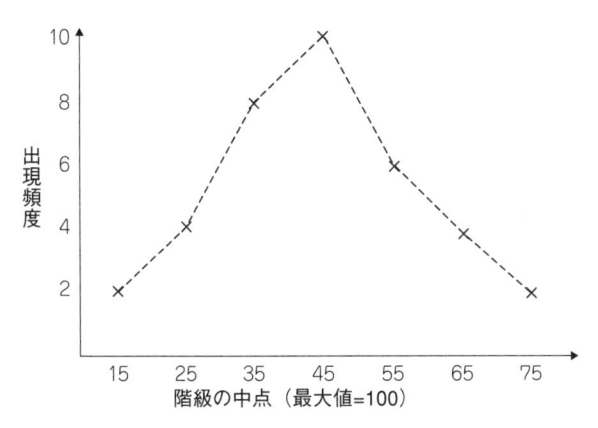

**図9-8　偽の心理検査で得られた得点の出現頻度**

## 円グラフ

円グラフは，円を扇型に切り分け，各要素が全体に占めるそれぞれの割合を示すようにしたものである。必要な情報がすべてそろって初めて円グラフを作成することができる。たとえば次の例では，社会学専攻の全学生の卒業後の行き先を知る必要がある。

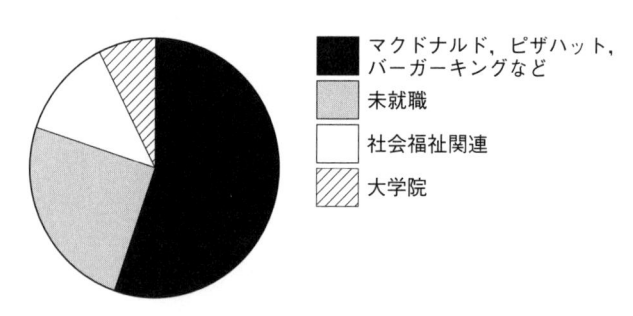

凡例：
- ■ マクドナルド，ピザハット，バーガーキングなど
- ▨ 未就職
- □ 社会福祉関連
- ╱ 大学院

**図9-9　1997年に社会学科を卒業した学生の就職先の円グラフ**

## グラフを作成する上でのポイント

・「ハッとさせる」グラフには注意しよう。劇的な違いがあるように見えても，ただ単に，それぞれの軸で使われている目盛りのせいなのである。

b) のグラフの軸の下部を削除して縦軸を拡大すると，a) のグラフとなる。

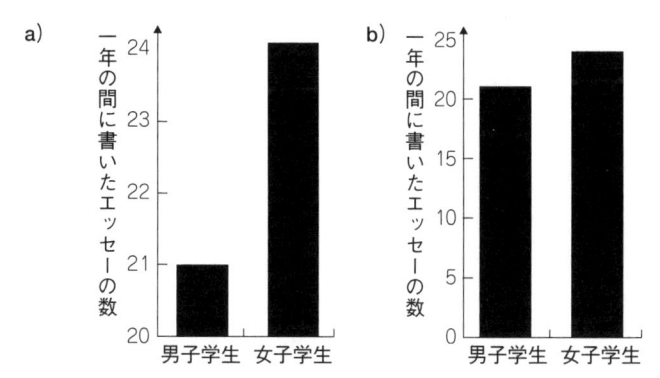

**図 9-10　グラフの比較**

　図9-11のように，折り目を入れて，カットした縦軸部分（例では0〜20）があることを示す必要がある。

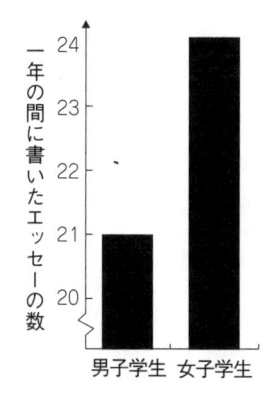

**図 9-11　縦軸の一部をカットしたグラフ**

　こうしても，ずいぶん極端に強調されたグラフであることに変わりはない。

　不適切な目盛りのふり方によっても，「ハッとさせる」効果が起こることがある。

セクション9　記述統計

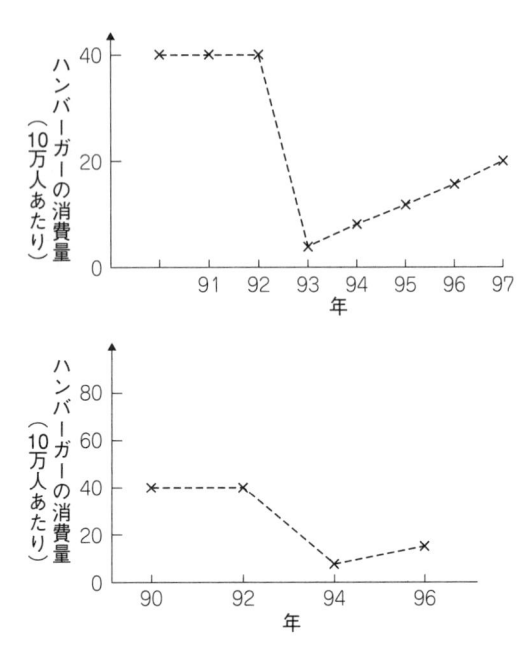

**図9-12 狂牛病発生以来のハンバーガーの消費量（年）**

2つのグラフは同じ情報を用いているが，ずいぶん異なって見える。

・すべてに明確にラベルを付けるようにする。ラベルを付け忘れてはならない。

### 茎葉図

**茎葉図**（stem and leaf diagram）は大量のデータを凝縮して表示するのに有効で，データのパターンを浮き彫りにする。

食事の前後で，食べ物に関連する単語の完成課題に解答するのにかかる時間を調べる実験を行ったとする。以下のような結果になった。

| 食前(秒) | 1.7 | 2.8 | 2.3 | 2.3 | 3.6 | 4.7 | 4.6 | 4.5 |
| --- | --- | --- | --- | --- | --- | --- | --- | --- |
| 食後(秒) | 3.3 | 3.3 | 3.4 | 3.5 | 4.5 | 4.7 | 4.9 | 5.2 |

これらの値を茎葉図に表すと、下のようになる。

**食べ物に関連した単語完成課題に費やした時間**

| 食前 | | 食後 |
| --- | --- | --- |
| 7 | 1 | |
| 8 3 3 | 2 | |
| 6 | 3 | 3 3 4 5 |
| 7 6 5 | 4 | 5 7 9 |
| | 5 | 2 |

中央の帯に縦に並んだ数値は整数を表す。その両側の数値は少数を表す。つまり5.2という値は、下のように表記する。

| | 5 | 2 |
| --- | --- | --- |

茎葉図はデータの形状を示すよい方法だということがわかると思う。と同時に、すべてのデータが示されるので、データが失われることがない。

**茎葉図は大変便利なグラフである。そして容易に作成することができる。**

箱ひげ図

**箱ひげ図**（box and whisker plots）は値の散らばり具合を示すのに便利である。「箱」部分はデータの中央50%範囲を現す。「ひげ」は値

の範囲を，十字印は中央値を表す。

2, 4, 6, 8, 10, 12, 14 という値があった場合，箱ひげ図は次のようになる。

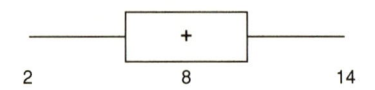

**図 9-13　箱ひげ図**

箱ひげ図は値の歪み具合を示すのに便利である。図 9-13 は **正規分布**（normal distribution）を示している。一方，図 9-14 や図 9-15 は **歪んだ分布**（skewed distribution）を示している。

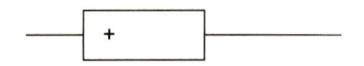

**図 9-14　正の歪み**

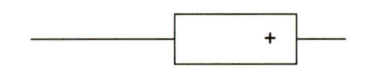

**図 9-15　負の歪み**

> **練習問題 30**
> 以下の図表は，それぞれ少なくとも2つの間違いがある。どこが間違っているか述べなさい。

表9-3 結果の表

| | グループA | グループB |
|---|---|---|
| 参加者1 | 4 | 7 |
| 参加者2 | 6 | 8 |
| 参加者3 | 4 | 6 |
| 参加者4 | 5 | 5 |
| 参加者5 | 3 | 7 |
| 参加者6 | 2 | 8 |
| 平均 | 4 | 6.83 |
| 中央値 | 4 | 7 |

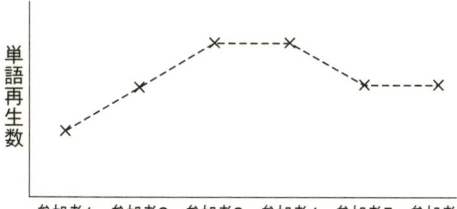

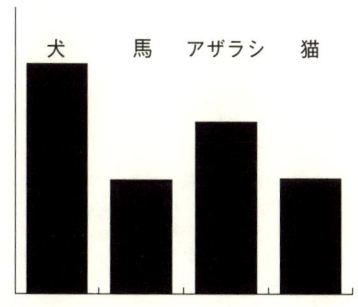

図9-16

図9-17 好きな動物のヒストグラム

セクション9 記述統計

### 散布図

散布図(scattergram, scattergraph)は相関研究から得られた結果を示すのに使われ，2つの変数間の関連のパターンを示す。例をあげるのがわかりやすい。

| 表9-4 | 9歳のときの靴のサイズと18歳のときの身長を示した表 | |
|---|---|---|
| | 9歳のときの靴のサイズ | 18歳のときの身長（フィート・インチ） |
| 参加者1 | 1 | 6'2" |
| 参加者2 | 10 | 5'10" |
| 参加者3 | 11 | 5'11" |
| 参加者4 | 1 | 6'0" |
| 参加者5 | 10 | 5'11" |
| 参加者6 | 2 | 6'2" |
| 参加者7 | 8 | 5'8" |
| 参加者8 | 9 | 5'10" |
| 参加者9 | 11 | 6'0" |
| 参加者10 | 12 | 6'1" |

表9-4のデータを散布図にするためには，

1. 片方の軸に身長のラベルを，もう一方に靴のサイズのラベルをつける。（どちらにどちらのラベルをつけるかは，問題ではない。）

2．参加者1の靴のサイズを該当する軸上に探し，同様に身長をもう一方の軸上に探す。
3．該当する箇所を横軸から上に，縦軸から横になぞってゆき，2つの線の交点に×をつける。
4．これをすべての値について繰り返す。

表9‐4から図9‐18のような散布図ができ上がる。

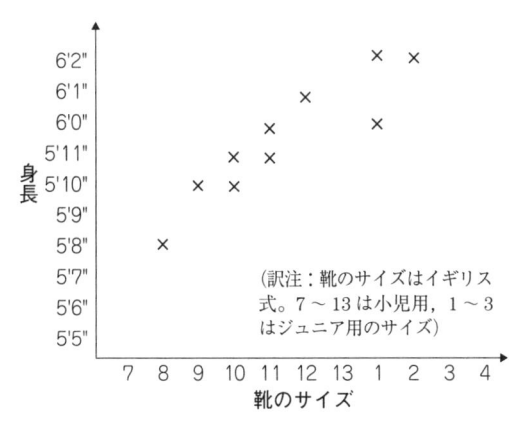

(訳注：靴のサイズはイギリス式。7～13は小児用，1～3はジュニア用のサイズ)

**図9-18　身長と靴のサイズの散布図**

×印が，以下のようにおおむねグラフの対角線をなしているのがわかるだろう。

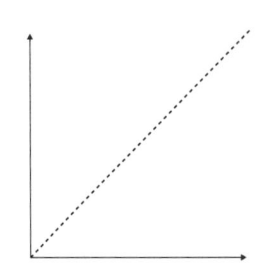

グラフの×印を結んだ線がこのような方向に向いている場合，正の相関があることを示している。これは一方の変数の値が大きくなると，もう一方の変数の値も大きくなることを意味している。

もう1つの例は，これとはまったく異なって見える。

### 表9-5　鉄道運賃と乗客の数

| 運賃（ドル） | 乗客数 |
| --- | --- |
| 20 | 250 |
| 24 | 240 |
| 28 | 220 |
| 32 | 190 |
| 36 | 190 |
| 40 | 170 |

散布図を作成すると，次のようになる。

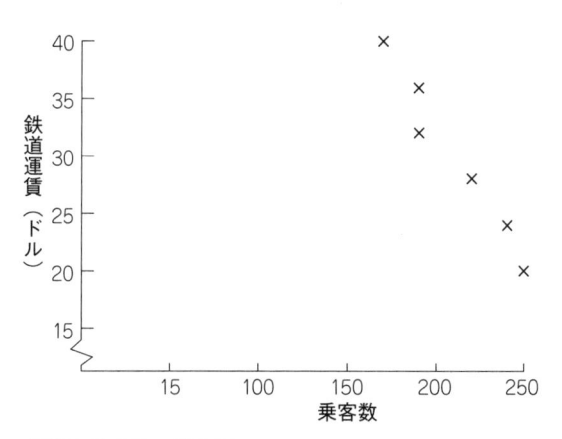

図9-19　運賃と乗客数の散布図

×印は，次の図のように対角線をなしていることがわかる。

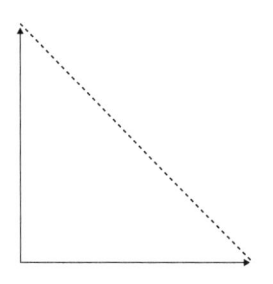

グラフの×印を結んだ線がこのような方向に向いている場合，**負の相関**があることを示している。これは一方の変数の値が大きくなると，もう一方の変数の値は小さくなることを意味している。

もし変数間に**何の関連もない**場合，散布図は次のようになる。

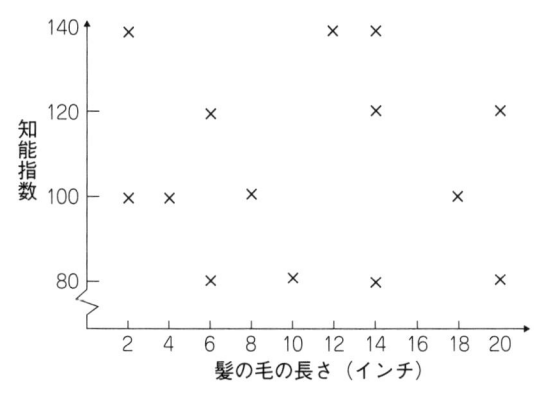

**図 9-20　髪の毛の長さと知能指数の散布図**

### 練習問題　31

次のような相関が見られると思う例を，2 つずつ挙げなさい。

・正の相関
・負の相関
・無相関

セクション 9　記述統計

散布図が次のような反転関係を示すことがある。

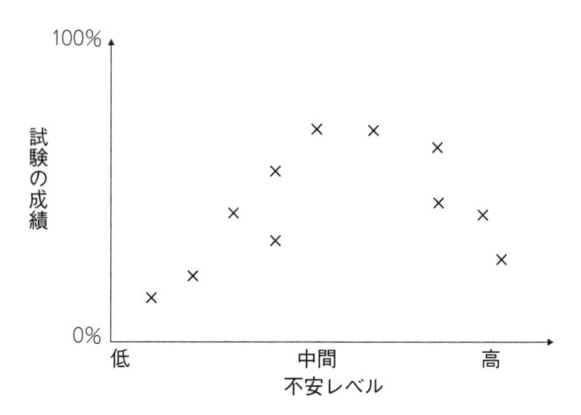

**図 9-21　試験の成績と不安レベルの散布図**

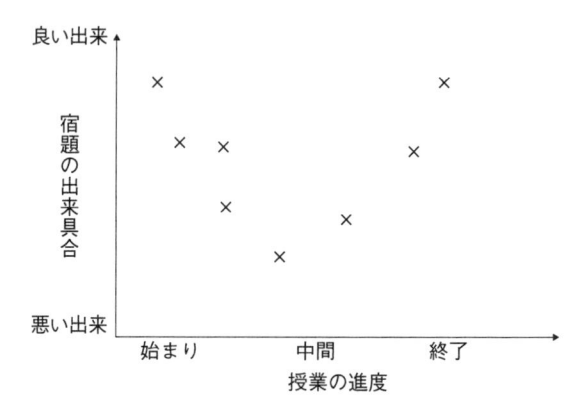

**図 9-22　授業の進み具合と宿題の出来具合の散布図**

このような結果は，散布図を作成することがいかに重要であるかを示している。見ての通り，ここでは変数間に「U字」関係がある。

図 9-21では，始めは2変数が共に増加し，途中から共に減少して

いる。不安の強さと試験の成績を比較した場合に、このようなグラフになるだろう。非常に低い不安状態は、たぶん試験結果がそれほど重要だとは思っていないため、低い成績と相関する。ある程度の不安は比較的よい成績と相関する。しかしながら、不安があまりにも高いとパニックを引き起こし、逆に成績は下降してゆく。

図9-22では、まず変数が共に減少し、途中から増加してゆく。ある授業科目の全課程の経過時間と成績の関係をプロットすると、このような結果が得られるかもしれない。授業が始まったばかりの頃は、学生は一生懸命勉強するのでよい成績をとる。数ヵ月たつと勉強する割合が減少してゆき、それに伴って成績も下降してゆく。授業課程も終盤になると、必要に迫られ再び勉強するようになる。その結果、成績も上昇してゆく。

いずれの例も、散布図を描くことがいかに大切かということを示している。変数間にははっきりとした関連があるが、**しかしこういう関連は、ピアソンの積率相関やスピアマンの順位相関などの統計量には示されない**。これらの統計量は、上述のような関係を表現するには敏感な指標ではない。そのため、単なる偶然の関係しかない可能性が高いと結論づけてしまう。

### 相関係数

2つの変数の関係を散布図で示したが、**相関係数**（correlation coefficient）で表現することもできる。これは数学的な方法で、2つの変数がどれだけ密接な関係にあるかということを示す。

- 2つの変数が完全に正の相関をもっている場合、たとえば靴のサイズと身長を測り、身長170cmの人全員の靴のサイズが26cmで、身長180cmの人全員の靴のサイズが28cmというような結果が得られたとする。この場合、相関係数は+1.0になる。

- 2つの変数が完全に**負の相関**をもっている場合，たとえば1週間に飲む酒の量が一定単位ずつ増すにつれて試験の成績が1ランクずつ下がっているとすると，相関係数は−1.0になる。
- 2つの変数間にまったく**関連がない**場合，たとえば髪の毛の長さと試験の成績を測定したなら，相関係数は0になる。

相関が+1.0に近づくほど，変数間に強い正（プラス）の相関がある。したがって，サンプルサイズが一定ならば，+0.8の相関は，+0.3の相関よりも2つの変数の間により密接な関係があることを示している。

同様に，相関が−1.0に近づくほど，変数間に強い負（マイナス）の相関がある。サンプルサイズが一定であれば，−0.7の相関は−0.5の相関よりも，2つの変数間に密接な関係があることを示している。

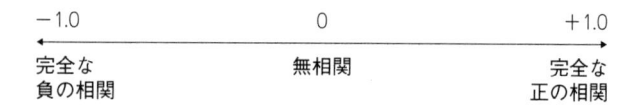

```
−1.0              0              +1.0
←─────────────────────────────────→
完全な           無相関            完全な
負の相関                          正の相関
```

完全な相関の場合，散布図は次のようになる。

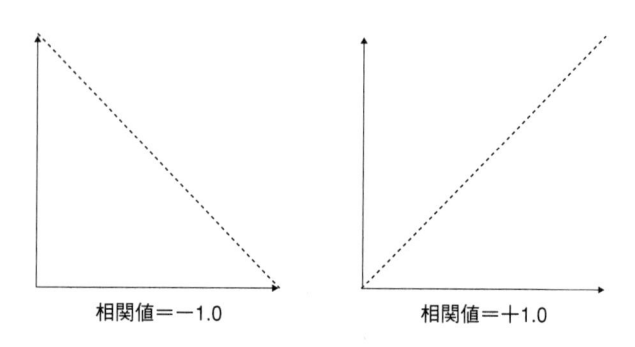

相関値=−1.0    相関値=+1.0

相関係数の大きさによって，散布図は次のようになる。

|  |  |  |  |
|---|---|---|---|
| +0.7 | +0.4 | −0.3 | −0.9 |

> 変数間に関連が**ない**ということと，**負の関連がある**ということを混同してはいけない。−0.8の相関は，2つの変数間に+0.8の相関と同じ強さの関連があることを意味している。

### 練習問題 32

以下の相関係数がおおよそどのような散布図になるか，描きなさい。

1. −0.5 の相関
2. +1.0 の相関
3. +0.2 の相関
4. −0.9 の相関
5. 0.0 の相関

## ◆──代表値の尺度

一連のデータの中点（つまり代表値）を概算する方法がいくつかある。これらは**平均**（average）と呼ばれているもので，お馴染みのものだろう。

**代表値**の尺度は3つある。

- **平均**（算術平均：mean）
- **中央値**（メディアン：median）

・**最頻値**（モード：mode）

## 平均（算術平均）[訳注]

値をすべて足し算し，足した値の数で割ることによって得られる。

### 平均の長所

平均には感度が良いという長所がある。得点から最多の情報を抽出する。すべての粗データが計算に用いられるからである。このような理由から，一般に**間隔尺度**（interval level of measurement）データ（セクション10参照）でよく用いられる。データが歪んでいたり**二峰分布**（bimodal distribution）になっていない限り，大変便利な指標である。（分布曲線についての詳細は，このセクションの後半で説明する）。

### 平均の短所

しかしながら，感度が良いという長所が短所となることもある。値が非常に広く分布していたり，2つの値の周辺にかたまって分布しているような場合，算術平均を見るだけでは解釈に誤解が生じる場合がある。たとえば，子供向けのパーティを企画して，そこに参加する子供たちの平均年齢が8歳だと言われたとする。どんなゲームを企画するだろうか。子供たちの年齢が7歳，7歳，8歳，8歳，8歳，9歳，9歳だったら，問題ない。しかし年齢が2歳，3歳，4歳，9歳，14歳，16歳だったり，4歳，4歳，4歳，4歳，12歳，12歳，12歳，12歳，12歳だったりしたら？ どの場合も年齢の平均は8歳である。

---

[訳注] 平均は算術平均，相加平均とも呼ばれる。この平均を指して「平均」と呼ぶのが一般的である。この後のセクションでも，特にことわりのない限り，平均はこの平均を指す。

上記の例は，データを要約するとき，なぜ中点の値だけでなく，散らばり具合の値も付記することが重要かを示している。

### 例

平均は極端な値の影響を受けやすいという短所がある。私がかつて教えていたある学生は，簡単なジグソーパズルをしているときに，観察されているということが与える影響についての課題に取り組んだ。彼女は9人の参加者から，パズルを完成するのに16秒〜25秒という値を得た。10人目の参加者はその学生の89歳のおばあさんで，パズルの完成に126秒かかった。この値は平均に大きな影響を与えた。中央値（メディアン）は19秒だったが，平均は30.6秒だった。

## 中央値（メディアン）

これは得られた値の中央の値を意味する。値を小さい順に並べ，その中央の値が**中央値**（median）である。得られた値が奇数個あったときには，ちょうど真ん中の値が中央値となる。たとえば次のようなデータでは，

2, 3, 6, 8, 9, 10, 11, 13, 13

中央値は9である。

得られた値が偶数個だった場合は，真ん中に来る2つの値の中間の値をとる。たとえば次のようなデータでは，

2, 2, 5, 6, 8, 9, 9, 10

中央値は7になる。

### 中央値の長所
極端な値の影響を受けないというのが中央値の長所である。たとえば，上で取り上げた最後のリストの最後の値が10ではなく30だったとしても，中央値は7のままである。

### 中央値の短所
すべての粗データが計算に使われるわけではないので，平均ほど感度が良くない。

## 最頻値（モード）

値のリストの中で最も多く見られる得点が**最頻値**（mode）である。たとえば下のようなデータでは，

 2, 3, 4, 4, 4, 5, 6, 6

最頻値は4である。

最頻値が2つ（あるいはそれ以上）ある場合がある。もし2つの最頻値がある場合には，この分布は**二峰**であると言われる。3つ以上の最頻値がある場合，分布は**多峰**（multimodal）であると言う。下のデータの場合，

 2, 2, 2, 4, 6, 6, 6, 7, 8

2と6という2つの最頻値がある。

### 最頻値の長所
最頻値はある事象の出現頻度や不連続データの理解に便利である。

- 洋服店の衣装買い付け人だったとする。お客の服のサイズは40％が12号，20％が14号，そして残りの40％が16号である。この場合，中央値や平均がサイズ14だからといって，サイズ14ばかりたくさん仕入れても意味がない。
- 家族の子供数のような不連続データの場合，一家族あたりの子供数の最頻値は2人であると言うほうが，平均が2.334人であるというよりも良いだろう。

**最頻値の短所**

データ数が少ないと，複数の最頻値が出てしまいがちのため，あまり便利とは言えなくなる。

---

平均と中央値，最頻値の間に大きな違いが見られる場合，それは歪んだ分布，あるいは二峰分布を示している。値が同じような場合，それは正規分布を示している。

---

### 練習問題 33a

1. 次の代表値の長所と短所を1つずつあげなさい。
   - 平均
   - 中央値
   - 最頻値
2. 以下のデータの平均，中央値，最頻値を計算しなさい。
   (a) 2, 2, 3, 5, 6, 6, 6, 9, 13, 15, 21
   (b) 4, 4, 5, 5, 5, 6, 6, 7, 7, 7, 8, 8
   (c) 2, 3, 7, 8, 9, 9, 10, 11, 12, 12, 12, 12

## ◆——分布曲線

### 正規分布

人のさまざまな特徴について、たくさんの観察を行うと、多くの身体的・心理的な変数が、母集団全体では**正規分布**と呼ばれる分布形態を示すことに気づく。このデータをグラフや度数分布曲線で示すと、左右対称でベルのような形をしたきれいな曲線になる。これが**正規曲線**と呼ばれるものである。

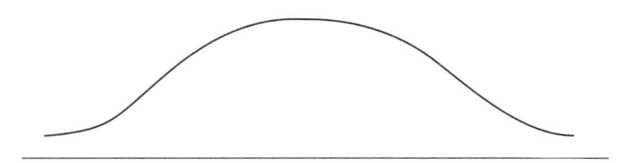

**図9-23 正規分布曲線**

### 例

ある大学で心理学を学ぶ女子学生全員の身長を測定し、そのデータをヒストグラムに表すと次のようになった。

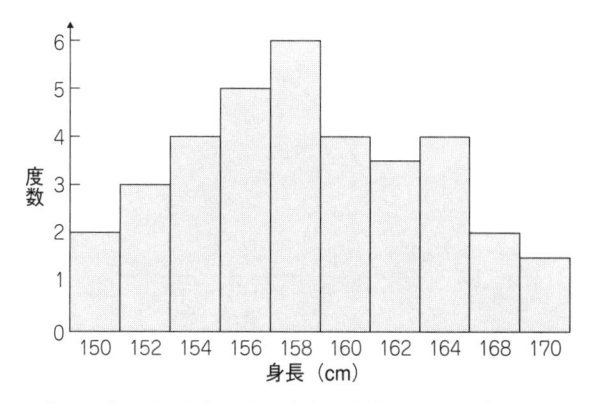

**図 9-24　ブロッグスビル大学の女子学生の身長のヒストグラム**

度数分布曲線にすると次のようになる。

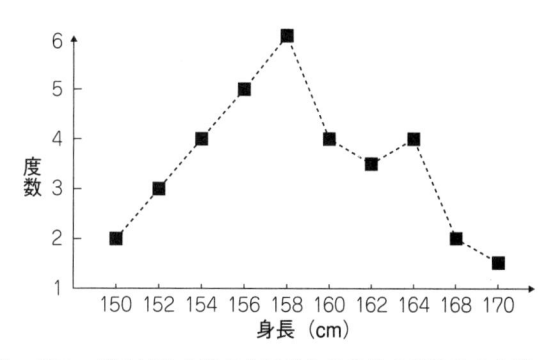

**図 9-25　ブロッグスビル大学の女子学生の身長の度数分布曲線**

（この例の場合，両端よりも中央付近に得点が集中しているが，これは正規分布ではない。）

だが，イギリスで心理学を学んでいるすべての女子学生に対象を広げて見れば，結果はほぼ正規曲線に近づき，次頁のようなグラフになるだろう。

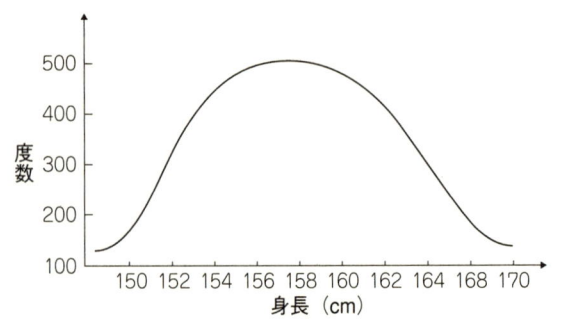

**図9-26 イギリスで心理学を学ぶ女子学生の身長の頻度分布曲線**

つまり，十分に大きなサンプルになると，正規分布曲線に近い図を得ることができる。

正規分布曲線は次のような4つの特徴をもっている。

・平均を中心に左右対称である。
・曲線の両端はゼロにならない。つまり横軸と交わることはない。（実際には無限大になったところでゼロになるが，統計学者でもそれがどのあたりなのかはわからない。）
・ほぼ，きれいなベル型になる。
・平均，最頻値，中央値が同じ値になる。

## 歪んだ分布

度数分布曲線を描いたとき，分布が一方に偏って歪んでいることがある。これを**歪んだ分布**（skewed distribution）という。歪みには正の歪みと負の歪みがある。

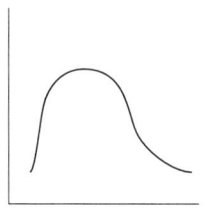

**図 9-27 正の歪み**

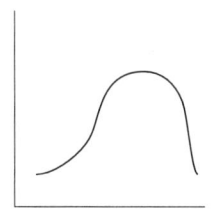

**図 9-28 負の歪み**

何年たっても、どちらが正か負かきちんと覚えられない人は、次のような記憶法を使ったらどうだろう。

正の歪み：幸せクジラ（あなたに会えて喜んでいる）

負の歪み：悲しみクジラ（彼を追い払ってしまった）

**図 9-29 幸せクジラと悲しみクジラ**

歪んだ分布では、平均、中央値、最頻値が異なった値になる（正規

分布の場合，3種類の代表値は同じになる）。平均は尻尾側に偏る。なぜなら外れ値の影響を受けるからである。**最頻値**は山の最も高い部分になる。中央値は平均と最頻値の間になる。

次のような場合に歪んだ分布になりやすい。

・バイアスのかかったサンプルの場合
・小さなサンプルの場合
・**床効果**（floor effect）や**天井効果**（ceiling effect）がある場合。

床効果や天井効果は研究に用いている測定器具が参加者の識別を十分にできていないときに起こる。たとえばIQを測定する際，参加者にとって非常に難解なテストを用いると，ほとんどの参加者は30点満点中0点か，1～2点ぐらいしかとれなくなってしまう。これが**床効果**である。一方，非常に簡単なテストを用いると，大部分の参加者が28～30点くらいとってしまうだろう。これが**天井効果**である。

床効果からは正の歪みが，天井効果からは負の歪みが生じる。

### 二峰分布

収集したデータが2つの最頻値をもっていることがある。このような結果を分布曲線にすると次のようになる。

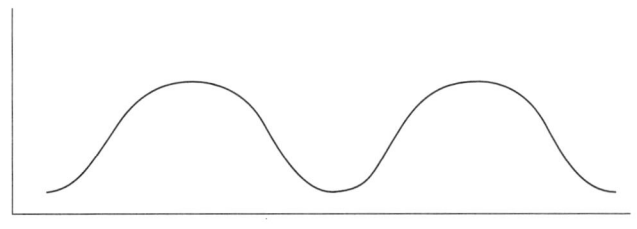

**図9-30　二峰分布**

これを**二峰分布**(bimodal distribution)という。

> **練習問題 33b**
> 練習問題33aの問題2の,自分の解答をもう一度見なさい。
> 1. それぞれのデータリストはどのような分布を示すだろうか。
> 2. 平均,中央値,最頻値が下のような値だったら,分布曲線はおよそどのような形になるだろうか。
>    (a) 平均=8.3　　中央値=8　　最頻値=9, 7
>    (b) 平均=8.9　　中央値=9　　最頻値=9

## ◆────散らばり具合・ばらつきの指標

代表値が測定値の「中央」を表す指標だとすると,**散布度**(measure of dispersion)は値の「広がり具合」を表す。得点セットを要約するときには,中点だけでなく,ばらつきも示す必要がある。

次のデータについて考えてみよう。

| 10 | 20 | 30 | 40 | 50 | 60 | 70 | 80 | 90 | 平均=50 中央値=50 |
|----|----|----|----|----|----|----|----|----|---|
| 35 | 40 | 45 | 50 | 50 | 50 | 55 | 60 | 65 | 平均=50 中央値=50 |

どちらのデータも平均と中央値は同じであるが,値の散らばり具合はまったく違う。

これはたいへん重要なことである。たとえば,1行目のデータは2行目のデータよりも参加者の違いが大きいことを意味している。もしこれらの値が試験の結果だとすると,1行目のグループのほうがさまざまな能力の学生がいることになる。

ばらつきを示す最も一般的な尺度は以下の3つである。

- **範囲**（レンジ: range）
- **四分位範囲**（semi-interquartile range）
- **標準偏差**（standard deviation）

### 範囲（レンジ）

**範囲（レンジ）** は得られた値のばらつき具合をそのまま示す指標である。最大値から最小値を引くことによって得られる。上記のデータでは，範囲は次のようになる。

- 1 行目のデータ　　90－10＝80
- 2 行目のデータ　　65－35＝30

**測定誤差**というのは簡単に起こるものである。簡単なジグソーパズルを完成させるのにかかる秒数を測定するとしよう。計測結果が57秒だったとする。これは，時計の針がちょうど57秒を過ぎたところ（正確にはたとえば57.02秒）という場合もあれば，58秒を指そうとしていたという場合もある（正確には57.79秒）。

この例は興味深い問題を提起している。**統計学者**はよく次のような議論をする。「測定の単位が整数だったら（たとえば 5, 8 など），測定誤差を見越して 1 を足し，小数第 1 位までなら（たとえば 1.3, 2.8），0.1 足す。数値が小数第 2 位までなら（たとえば 1.67, 3.97），0.01 を加える。」なぜこのことが興味深いかというと，過去私がこのことについて話したことがある数学者は皆，そもそも範囲は大雑把な尺度なので，そんなことをする意味はないと言うのである。統計学者と数学者の論理のどちらも理解できる。しかし簡潔であることをよしとするなら，私は数学者に軍配があがるように思う。

範囲の**長所**は，計算が簡単であることと，極端値を示すことにある。**短所**は極端値によって値が歪められることと，値が平均周辺に集中し

ているのかそれともばらついているのかに関する情報がないことである。たとえば 1, 7, 7, 8, 9, 9, 17 というデータと 1, 3, 5, 7, 9, 11, 13, 15, 17 というデータの範囲は，完全に一致してしまう。

**四分位範囲**

**四分位範囲**（semi-interquartile range）は，データの中央50％の範囲を示す。1分位が値の25％に該当する。

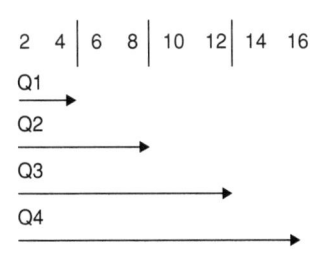

```
2   4 | 6   8 | 10  12 | 14  16
Q1
──→
Q2
──────→
Q3
──────────→
Q4
──────────────→
```

四分位範囲は，真ん中の2つの分位の範囲のことである。上の例では 12−6＝6 となる。

四分位範囲の**長所**は，極端値の影響を受けないということである。（使う機会はあまりないが，コンピュータのプログラムで目にすることがあるかもしれない。）

## 分　散

**分散**（variance）はそれぞれのデータがおしなべて平均からどれだけ離れているかを示す尺度で，データの散らばりぐあいを表す。データ間の変異を示すと言ってもよいだろう。統計的検定で広く用いられるが，単体としてはこれとよく似た標準偏差のほうが広く用いられている。（計算法は，次の「標準偏差」のところで述べる。）

## 標準偏差 (SD)

**標準偏差** (standard deviation, SD) も平均からのデータのばらつきの平均を示すが，**分散**を平方したものである。範囲よりも値の散らばり具合を感度良く表す。範囲や四分位範囲は計算の際，一部の値しか考慮しないが，標準偏差（そして分散）はすべての値を計算に用いる。

データの標準偏差が大きい，または分散の範囲が広いということは，値が広く分散していることを意味する。標準偏差が小さい，あるいは分散の範囲が狭いということは，値があまり拡がっていないことを意味する。

分散や標準偏差の計算には，まず個々の得点とサンプル集団の平均との差を計算する。これらの差を 2 乗して（つまり差の符号（±）を取り除く）合計値を出し，サンプル数 n で割ったり，$n-1$ で割ったりする（前者はサンプルの分散を計算し，後者は母集団の分散を計算する場合）。標準偏差はこの数の平方根になる。（平方根を求めるのは，分散は変量 の平均からの差の 2 乗の平均なので，もとの変量の単位も 2 乗されてしまい，不都合なためである。）

標準偏差 (SD) を求めるための公式は，

$$SD = \sqrt{\frac{\Sigma (x-\bar{x})^2}{n}}$$

$n=$ サンプル数
$x=$ 個々の得点
$\bar{x}=$ サンプル集団の平均

母集団の偏差値の推定値としてサンプルの偏差値を求めたい場合（通常はこういう場合が多い），公式は次のようになる。

$$\mathrm{SD} = \sqrt{\frac{\Sigma\,(x-\bar{x})^2}{n-1}}$$

　実際，標準偏差を手計算で求めるのは煩雑な作業である。今では関数電卓（使い方は取扱説明書が教えてくれるだろう）や標準偏差を計算してくれるコンピュータプログラムやエクセルなどのスプレッドシートを使って計算するほうが一般的になっている。

　標準偏差の計算は，データが算術計算に適した性質をもっており，母集団全体ではデータが正規分布しているという前提にもとづいている。順序データや明らかに歪んだデータから標準偏差を計算するのは適切でない。

### 標準偏差は何を教えてくれるのだろうか

　標準偏差の解釈の仕方をきちんと理解しておくべきである。

　標準偏差を計算すると，1.58 とか 3.49 といった数値を得ることになる。これはいったい何を意味しているのだろうか。ここで理解しておくべきことはたった2つである。

- SDが大きくなると，データのばらつきが大きくなる。
- 特定の値がどれくらい通常見られる値なのかそれとも通常見られない値なのかを解釈するために，SDを用いることができる。

### 例：データの散らばり具合を示す指標としての標準偏差

- あるクラスで，75点満点の試験の成績が 45点，46点，47点，48点，49点，50点 だった。

　ここでは値はそれほど広範囲にばらついていない。「点プロット」でだいたいの様子を示すと，次のようになる。

セクション9　記述統計

```
        ‥‥‥‥
─────────────────────────────────────
20  25  30  35  40  45  50  55  60  65  70  75
       テストの点数 ─────────▶
```

このサンプルの標準偏差は小さく,計算すると 1.85 になる。

・もし得点が 20点,45点,46点,47点,48点,49点,50点,75点 だったら,点プロットもずいぶんと異なってくる。

```
 ・              ‥‥‥‥                                    ・
─────────────────────────────────────
20  25  30  35  40  45  50  55  60  65  70  75
       テストの点数 ─────────▶
```

このサンプルでは,標準偏差は 13.83 になる。

・20点,21点,30点,31点,60点,61点,74点,75点 だったら,ばらつき具合はさらに違ってくる。

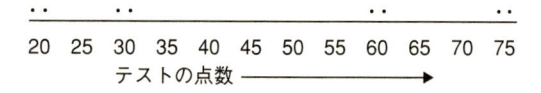

```
 ‥       ‥                        ‥            ‥
─────────────────────────────────────
20  25  30  35  40  45  50  55  60  65  70  75
       テストの点数 ─────────▶
```

この場合,標準偏差は 21.87 となる。
　標準偏差の大きさは,値の「散らばり具合」によって違うことがわかるだろう。

---

最後の 2 つの例では,範囲がまったく同じことに気づくと思う。しかし標準偏差はすべての値を計算に用いているぶん感度が高いため,「散らばり具合」が違うことをうまく表せる。

### 個々のデータを解釈する支援手段としての標準偏差

標準偏差は個々の値を解釈するためにも用いられる。解釈は，標準偏差と正規分布曲線の間の関係にもとづいている。

正規曲線について説明したとき（p.132参照），正規分布曲線は平均を軸に左右対称だと述べた。具体的には次のような曲線になる。

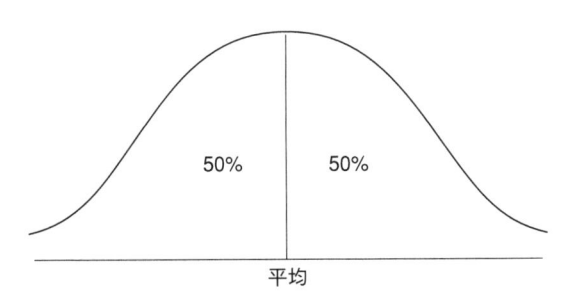

**図9-31　正規分布曲線と平均**

つまり値の半分は平均よりも上に，残り半分の値は平均よりも下になる。言い代えれば，個人の値を平均と比較するとき，正規分布曲線は，その値が上位50％に入っているのかそれとも下位50％に入っているのかを教えてくれる。

これはたいへんわかりやすい。標準偏差を正規曲線に応用する場合も，この考え方を拡張すればよい。平均と正規分布の間に先述の関係があるのと同じように，標準偏差と正規分布との間にも一定の関係がある。どんな正規分布でも，平均から上下に1標準偏差ずらしたところに印をつけると，平均と上下に1標準偏差ずれた値までの間に，母集団の34％が含まれる。次の図はセンター試験の得点の正規分布曲線だとしよう。100点満点のテストで平均が50点，標準偏差が5だった。図には平均と平均から上下1標準偏差ずれた値が示されている。

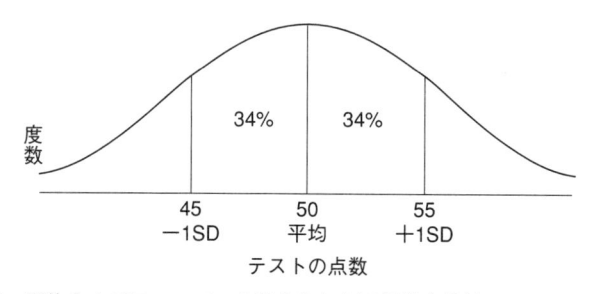

**図9-32 平均と＋1SD，－1SDを書き入れた正規分布曲線**

　おおよそ34％の学生が50〜55点を，またおおよそ34％の学生が45〜50点をとっていることになる。（より正確には，34.13％である。）

　さらにもう1標準偏差分ずつ，両サイドにずれたところに印をつけると，

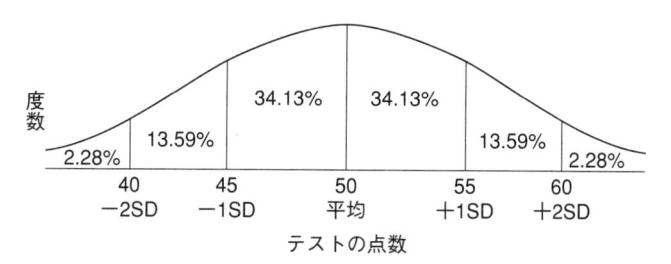

**図9-33 平均と＋2SD，－2SDを書き入れた正規分布曲線**

この得点帯にはそれぞれ13.59％の学生が該当する。残りの2.28％の人たちは平均からそれぞれ＋2SD以上，－2SD以下に該当する。

　**ここで混乱する必要はない。**例をあげるとよくわかるだろう。どうやって上記の数値が計算されたかは，とりあえず知らなくてもよい。どう使うのかということだけ，理解してほしい。

### 例

2235人の男性があるIQテストを受けたとする。そこから平均＝100，標準偏差＝15という値を得た。グラフに表すと次のようになる。

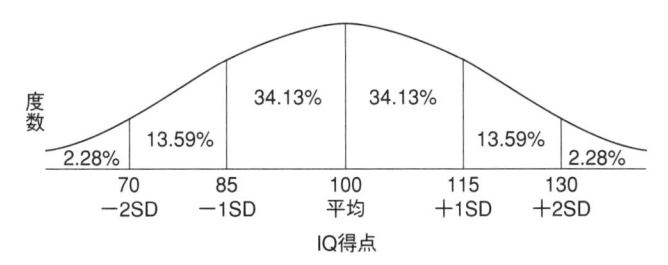

```
度数
        2.28% | 13.59% | 34.13% | 34.13% | 13.59% | 2.28%
         70      85      100      115      130
        －2SD   －1SD    平均     ＋1SD    ＋2SD
                       IQ得点
```

**図9-34　2235人のIQ得点の分布曲線**

標準偏差と正規曲線の関係から，IQ得点が70点を下回る人が2.28％，70〜85点の人が13.59％，85〜100点の人が34.13％いるといったことがわかる。標準偏差はもっと細かいことも教えてくれる。たとえば134点をとった○○さんは上位2.28％に入っているとか，95点をとった△△さんは平均から下34.13％のところに該当するなどである。

### 練習問題　34

図9-34で，
1．IQ 100〜130 に該当するのは何パーセントか。
2．IQ 130 以上に該当するのは何パーセントか。
3．IQ 85〜115 に該当するのは何パーセントか。
4．65点，110点，120点，144点をとった人たちは，分布全体のどこに該当するか。

正規曲線がどんな形をしていても，正規曲線と標準偏差との間には常にこの関係が存在する。正規分布曲線にはさまざまな形がある。

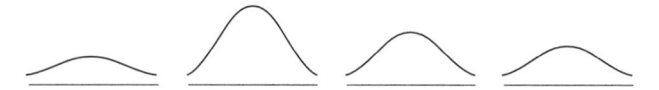

**図 9-35　さまざまな正規分布曲線**

しかし，標準偏差とデータの分布との関係は常に同じである。

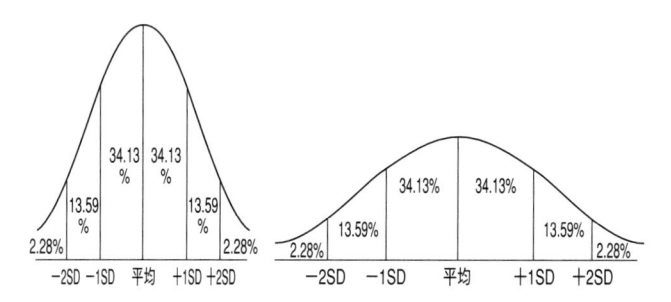

**図 9-36　形の異なる正規分布曲線における標準偏差と分布得点の間の関係**

### 練習問題　35

2000人の新生児サンプルの調査から，平均3000グラム，標準偏差500グラムという出生時体重のデータを得た。

正規曲線を描き，平均とその上下の2標準偏差に該当するところに印をつけなさい。

1．2500グラム未満の赤ん坊は何パーセントか。
2．3500グラム～4000グラムの赤ん坊は何パーセントか。
3．2000グラム未満の赤ん坊は何パーセントか。
4．2500グラム～3500グラムの赤ん坊は何パーセントか。

◆────**標準得点とZ得点**

平均よりも1標準偏差上の値をプラス1**標準得点**（standard score）（**Z得点**（z-score））と呼ぶことがある。また平均よりも1標準偏差下の値をマイナス1標準得点（Z得点）と呼ぶことがある。

先に取り上げたIQテストの例では、115点が＋1標準得点（Z得点）になる。同様に85が－1標準得点（Z得点）になる。107.5は標準偏差の半分だけ平均よりも大きいので、標準得点（Z得点）は＋0.5となる。

標準得点（Z得点）は以下の公式によって導かれる。

$$z = \frac{個々の得点 - 平均}{標準偏差}$$

もし鈴木さんのIQテストの得点が130点だったとすると、標準得点（Z得点）は次のようになる。

$$z = \frac{130 - 100}{15} = 2$$

標準得点（あるいはZ得点）は、回答形式、平均と標準偏差がまったく異なるテストの個人の得点を比較することができるので、大変便利である。

### 練習問題 36

1. ある模擬テストで、2つのグループの生徒が次のような成績を得た。

| グループA | 35 45 52 54 55 55 56 58 60 62 64 68 73 |
| グループB | 30 33 37 38 43 44 45 50 52 55 55 57 75 |

（a）それぞれのグループの範囲（レンジ）を求めなさい。

（b）この例で，範囲（レンジ）をデータのばらつき度として用いるときの限界を述べなさい。

2．標準偏差は何を意味するか。

3．平均が40，標準偏差が4の正規分布曲線を描きなさい。48点以上の値，36点以下の値，32〜40点の間にある値はそれぞれ何パーセントになるか。

4．960語の英単語を含む統計に関する文章を読むのにかかる時間を100人の学生について測定した。結果は正規分布しており，平均25分，標準偏差が5分だった。次に，同じ生徒たちが960語の「愛する人を幸せにしつづける10の方法」という題の文章を読むのにかかる時間を測定した。結果は平均9分，メディアンが7分で，正に歪んでいた。

（a）上記2例の分布曲線を描きなさい。

（b）統計の文章を読むのに，以下の時間がかかった生徒は何パーセントか。

　　30分以上，30分〜35分，25分以下

## セクション 10

# 尺　度

◆尺度のレベルの違い

## ◆──尺　度

　すでに説明したように，研究データは大きく2つのタイプに分けられる。質的データと量的データである。量的研究では，変数に数値が割り当てられる。ただしそこで用いられる数値の情報の量は，一律ではない。割り当てられる数値には，次のようなものがある。

・単なる**集計値**（たとえば，何人の参加者がどの条件に該当するか）。
・変数の**測定値**（たとえば，ある課題を完成するのに何秒かかるか）。

　つまり数値は状況に応じて，異なるレベルを示すことができる。数値のもつ情報レベルの違いのことを，**尺度レベル（尺度水準）**の違いという。

尺度のレベルには次の4つがある。

- **名義**（nominal）レベル
- **順序**（ordinal）レベル
- **間隔**（interval）レベル
- **比例**（ratio）レベル

**名義レベルのデータ**

名義レベルのデータは最もシンプルである。集められたデータは**カテゴリー**ごとに集積され，各カテゴリーに何人の参加者が該当するかを単純に**数える**。何人が男性で，何人が女性か，何人が運転実技検査に合格・不合格か，何人が20歳以下／21～40歳／41～60歳／60歳以上かなどである。

名義レベルでデータを集める場合，「正」の文字を使って数を数えることがある。たとえば

| 横断歩道の手前で止まった車 | 正 | 正 | 丁 |
| 止まらなかった車 | 正 | 正 | 下 |

ここでは観察対象をそれぞれ**カテゴリー**に振り分け，その**出現頻度**を数える。名義レベルのデータは，全レベルのうちで最も情報量が少ない。たとえば，今日の気温は「零度より下」「零度より上」と言ったとしよう。これは天気についての情報を含んではいるが，十分に多くはない。

**順序レベルのデータ**

名前が意味するように，順序レベルのデータは順序づけられたもの

である。**順序尺度**では，試験の成績が1番，2番，3番というように，集団の中での順番が示される。

天気に順序尺度を用いたとすると，次のようにして気温を評価するかもしれない。

| 大変寒い | 寒い | やや寒い | やや暑い | 暑い | 大変暑い |

順序レベルのデータは名義レベルのデータよりも詳細な情報を示すが，まだ十分な情報を含んでいるわけではない。結局のところ，たとえば私が「非常に暑い」と感じても，別の人は「暑い」くらいにしか感じないかもしれない。

順序レベルでは，結果を順番（統計用語で言えば**順位** (ranks)）に並べることができる。しかし**順位の間隔についての情報は含まれていない**。旅行者に今まで泊まったことのあるホテルを「大変良い」「良い」「普通」「良くない」「まったく良くない」で評定してもらうとする。こうすることでホテルを評価順に並べることができる。しかし，並べた順序が等しい間隔かどうかについての情報はここには含まれていない。「良い」は「悪い」よりも良いだろう。しかし「大変良い」と「良い」の間にある差異の大きさと，「まったく良くない」と「良くない」との差の差異の大きさは，同じだろうか。

**間隔レベルのデータ**

間隔レベルのデータは，正確で等間隔な尺度にもとづいて測定される。気温がその良い例である。今日の気温が24℃だとすると，どんな気候かずっと正確に予測できる。間隔レベルのデータは順序レベルのデータよりも多くの情報を伝える。

比例レベルのデータ

比例レベルのデータは，間隔レベルのデータの特徴をすべてもっていると同時に，真のゼロ点がある。グラムを使った重さの測定は，**比例尺度**である。たとえば，何かが-6gということはない。すべての比例尺度は間隔尺度でもある。間隔データと比例データは，共に基本尺度（cardinal scale）と言われることがある。

> ここまでを要約すると……
>   **名義レベル**　カテゴリー別に数えたデータ（はい・いいえ）
>   **順序レベル**　結果を順序で並べたもの（1番目・2番目・3番目）
>   **間隔レベル**　正確な尺度にもとづいて測定されたデータ（℃）
>   **比例レベル**　間隔尺度と同様だが，負の値をもたない（秒）

## ◆───尺度レベルに関する知識がなぜ重要なのか

**間隔尺度，比例尺度**で測定されたデータだけが本当の量的データである。なぜなら，この2尺度だけが，計算操作をすることが可能だからである。

・平均を出すには計算が必要である。統計に少しうるさい人は，平均は間隔データからしか算出できないと主張している。（順序データから平均を求めることも広く認められているようであるが，だからといって，それが正しいというわけではない。）
・**パラメトリック検定**では，測定されたデータが間隔尺度あるいは比例尺度で求められていることが想定されている。順序レベルの

データにパラメトリック検定を用いることは妥当ではない。（検定の選択方法を扱うセクション11で，さらに詳しく説明する。）

どんな統計的検定を用いるのが適切かを決める前に，測定尺度が名義尺度，順序尺度，間隔／比例尺度のどれなのかを，識別できなければならない。

ただし，1つ警告しておかなくてはならないことがある。どれが間隔データでどれがそうでないかについて心理学者の間で意見を一致させようとするのは，どのシラバスが良いかについて2人の主任教員が意見を一致させることよりもずっと難しい。心理学を勉強するためにある大学に進学したとする。その大学では非常に厳しい基準を設けていて，人間の特徴に関する測定に関して本当に間隔尺度に該当するものは未だないと教えるかもしれない。たとえば，オリンピックの競走で測定された記録でさえ，その秒数は間隔・比例尺度データを示しているように見えるかもしれないが，実際には，それ以上速く走ることがどんどん難しくなるから，記録の間隔はそれを達成する難しさの等間隔性を表しているとは言えない[訳注]。一方，他の大学ではもっと緩やかな基準を設け，集められた数値の大部分を間隔レベルのデータとして扱うかもしれない。

まだ十分に勉強をしていない学生は，尺度をどうやって見分ければよいだろうか。ここに「経験的ルール」を紹介しておこう。

・尺度が態度や意見，ある種の評定を含んでいる場合には，順序尺度として扱う。
・その値を同等の間隔で上げることが同じ努力や難しさをもってい

---

[訳注] たとえば100m走において，記録を11.0秒から10.9秒に縮めるのと，9.9秒から9.8秒に縮めることは，同じ0.1秒の間隔であっても，その困難さにおいて等しいとは言えないということである。

るかを自問してみる。たとえば記憶テストで，得点を3点から6点に上げるのと，7点から10点に上げる難しさは同じくらいだろうか。もし答えが「ノー」なら，そのデータは順序レベルとして扱う。

心理測定学者の目標が人間の能力を間隔レベルで測定し，テストをして標準化することにある場合（知能テストがその代表である），尺度をめぐる本当の問題が持ち上がる。ある研究者は，個々の問題には難易度の違いがあるのだから，そして，テストを受けた2人が両方ともIQ120だったとしても，同じ問題に正解するとは限らないのだから，IQテストの得点は順序レベルであると主張するかもしれない。とすると，2人の得点は本当に同じだと言えるだろうか。一方，別の心理測定学者は，テストを定式化する段階で用いた手続きによって，尺度は限りなく間隔レベルに近くなるから，そのように扱ってもかまわないと主張するかもしれない。

結局どんな結論を下せばいいだろう。実践的な話をすると，課題実験やテストの場合には，どちらの答も正しいと言える。大学院レベルになって自分の調査を実施し，どちらが正しいのかを決めなくてはならないときには，自分でそれを決めなくてはならないという問題が待ちかまえている。先ほどの例をもう一度持ち出すなら，主任教員はどちらのシラバスが学生のためにベストなシラバスか，自分で決めなくてはならない。

### 練習問題 37
1. 次の測定の尺度レベルは何か。
   (a) 論文を読むのにかかる時間
   (b) 心理学の授業を受講している男女の数
   (c) 今日の暑さ
   (d) 『ロード・オブ・ザ・リング』がどのくらい好きかの評価点

(e) 自民党あるいは民主党に投票する人の数
(f) 国民が現首相をどのくらい支持しているか
2. 運転技能を測定する方法を以下の尺度レベルで考えてみよう。
(a) 名義レベル
(b) 順序レベル
(c) 間隔レベル

セクション 11

# 推測統計の種類

◆推測統計とは
◆パラメトリック検定とノンパラメトリック検定
◆統計的検定方法の選択

◆——— 統計的推論

セクション9では，平均，中央値，範囲などの記述統計の詳細を説明した。名称が意味するように，これらの統計値はデータを記述しているだけである。これらの統計値から，結果が偶然によるものなのか，あるいは帰無仮説を棄却できるくらい偶然の可能性は低いのかについて，結論を下すことはできない。そのような結論を下すためには，ちょっと変わった名前であるが，「スピアマンの相関係数」や「$\chi^2$（カイ2乗）検定」など，たぶん「本当の」統計学だと思われているものを使う必要がある。

### なぜ心理学ではこのような検定が求められるのか

次のような理由がある。仮説を検証するとき，あるデータは研究仮説を支持しているが，別のデータはその仮説を支持していないことがよくある。たとえば，20人中17人は，お腹がすいているとき，食べ物に関連する単語のアナグラムを解くのが速かった。しかし20人中3人

は，食事の直後のほうが，解くのが速かったのだ。同じような統計的検定が生物学や地理学でも用いられている。たとえば生物学者が6番街沿いの木には，田舎の小道に生えている木ほどコケがついていないことを発見したとする。しかしコケがまったくついていないわけではない。そこで2つの事例の間に本当に違いがあるのか，それとも単なる偶然によるものなのかという疑問が起こる。

**推測統計を用いる目的は，研究によって得られた結果がどれくらい偶然による可能性があるのかを示すことにある。**

すべての統計的推論に共通する手続きがある。

・正しい検定を選ぶ。
・手計算あるいはコンピュータプログラムを用いて，（かなり）愚直に計算をする。
・計算の最後に，そのテストについての検定値（計算値）を得る。
・この値を，適切な表の中にある棄却限界値と比較する。そうすることで得られた結果が偶然に起こったかどうかの確率がわかる。

個々の手続きについては，以下のページで詳しく説明する。

### ◆───統計的検定の種類

推測統計は，大きく2つの種類に分けることができる。

・パラメトリック検定
・ノンパラメトリック検定

**パラメトリック検定**（parametric tests）と呼ばれるのは，この検定が，サンプルが抽出されたもとの母集団の**パラメーター**（特性値）に

ついて、一定の仮定をしているからである。たとえばパラメトリック検定では、サンプル間での値の散らばり具合や母集団の値の分布について、何らかの仮定がある。セクション12では、パラメトリック検定のうち、$t$ 検定とピアソンの積率相関係数の2種類について、具体的な計算方法を学ぶ。

> 注意深い人は、ここで $\chi^2$ 検定について触れられていないことに気づいただろう。$\chi^2$ 検定もパラメトリック検定だと主張することも可能である (MacRae, 1994)。しかし統計の教科書では、ノンパラメトリック検定として紹介されることのほうが多い。$\chi^2$ 検定は名義尺度で測定されたデータを検定するために開発されたので、ここで述べている他のパラメトリック検定法を使用する際に満たされるべき必要条件は、$\chi^2$ 検定にはあてはまらない。

**ノンパラメトリック検定**(non-parametric test:**分布によらない検定**(distribution-free test)とも言う)は、データを集める母集団の性質については何も仮定を設けていない。セクション12では、次のノンパラメトリック検定法の具体的な計算方法について学ぶ。二項サイン検定、ウィルコクスンの符号付順位検定、マン‐ホイットニーの $U$ 検定、スピアマンの順位相関係数。

## パラメトリック検定とノンパラメトリック検定の使い分け方

どの統計的検定法を選択するかには、一定のルールがある。しかし、心理学のような行動科学にパラメトリック検定を用いることが適しているかどうかについては議論もある。(そして上述したように、どのようなものをパラメトリック検定法とするかについても、議論がある。)

### パラメトリック検定

ノンパラメトリック検定よりもパラメトリック検定が好まれる傾向がある。なぜなら，パラメトリック検定のほうがより**検定力**があり（powerful），**頑健**（robust）だからである。「検定力」とか「頑健」とは，どういうことだろうか。

テストの**検定力**とは，集めたデータの差異や相関の検出のしやすさのことを言う。パラメトリック検定のほうが，検定力がある。なぜなら，

- パラメトリック検定の計算には粗点が用いられる。順序データのみを用いるノンパラメトリック検定よりも情報が多いので，パラメトリック検定のほうが感度が高い。パラメトリック検定は単に順序だけではなく，値の大きさも問題にしている。
- 一般的に，パラメトリック検定のほうがノンパラメトリック検定より少ないサンプル数で用いることができる。

結果の基礎となっている仮定が十分に満たされていなくても，結果にエラーが生じなければ，検定は**頑健**であるという。多くの統計学者は（全員ではないが），パラメトリック検定は，条件が少々満たされなくても，多くのエラーは生じないと主張している。

しかしながら，最も検定力のある検定が常に一番適切な検定であるとは限らない。Ｆ１レースで使用されている車は一般車よりもずっと馬力があるが，通勤には使えないだろう。Ｆ１カーはある特殊な状況で用いるように設計されているから，他の状況にはふさわしくない。パラメトリック検定にもまったく同じことが言える。パラメトリック検定も，ある特定の条件のもとで用いるようにデザインされている。

その条件は，

### 条件1：データは間隔レベルあるいは比例レベルの尺度でなくてはならない

パラメトリック検定は，洗練された計算操作を必要とする。そのためこの検定は，精度の高い間隔レベルあるいは比例レベルの尺度にしか適さない。

### 条件2：正規分布する母集団から得られた値でなくてはならない

パラメトリック検定法のロジックでは，測定しようとしているある特性が，母集団全体では正規分布しているということが基本的に想定されている。小規模な実験では，得られた値が正規分布しているかどうか確認できないだろう。おそらく集めた値がだいたい正規分布しているかどうかを確かめるにとどまるだろう。

・結果を図に示してみよう。

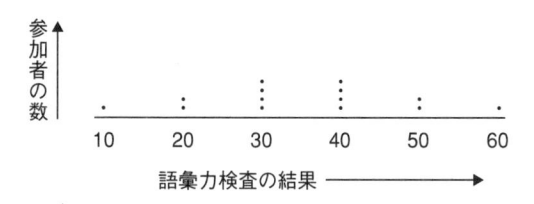

```
参
加
者   .    :   :::  :::   :    .
の
数   10   20   30   40   50   60
         語彙力検査の結果 ―――――→
```

こうすれば，結果が正規分布しているかどうかわかる。

・平均，中央値，最頻値を比較してみることもできる。正規分布していれば，すべての値がほぼ同じになる。

> 満たされなければならない条件は，母集団の分布であり，サンプルの分布ではないことに注意。しかし，もしサンプルの分布に著しい歪みが見られた場合，それは母集団の分布の歪みを反映している可能性がある。パラメトリック検定は頑健である（エラーに強い）ため，多少の歪みは無視できるとも言われている。しかし，それでも著しい歪みが見られた場合，パラメトリック検定を用いてはならない。

## 条件3：各グループで集められた値の散らばり具合が類似していなければならない

データの散らばり具合は，いろいろな方法で測ることができる。

・範囲
・標準偏差
・分散（標準偏差を2乗したもの）

パラメトリック検定を実施する前に，標準偏差や分散を計算し，散らばり具合にあまり大きな差異のないことを確認しておく。

> 実践的なアドバイスが必要ならば，モンク（Monk, 1991）のガイドラインが役立つ。モンクは，次に該当するとき，パラメトリック検定を用いるべきではないと指摘している。
>
> ・極端値がある。平均から3標準偏差以上離れた値がある。
> ・1つのグループの値の範囲が他のグループの値の範囲の2倍以上ある。
> ・天井効果や床効果があるとき（テストが簡単すぎると，大部分の人が高い得点をとってしまう。テストが難しすぎると，大部分の人が低い得点しかとれない）。

### まとめ——パラメトリック検定の3基準

パラメトリック検定を用いる前に，以下の3つの基準と照らし合わせてみることが必要である。

- 2つのデータセットで分散がほぼ同じか（**等分散性**）。
- 間隔尺度あるいは比例尺度が用いられているか。
- 母集団が正規分布しているか（**正規性**）。

これらの条件が満たされていれば，パラメトリック検定によって，その結果が偶然によるものかどうかどうかの確率の，より正確な推定値が得られる。ノンパラメトリック検定より好まれるのも，こうした理由による。

### ノンパラメトリック検定

ノンパラメトリック検定の「検定力」はパラメトリック検定とあまり変わらず，計算も簡単であるから，常にノンパラメトリック検定を用いるほうが理にかなっていると述べている心理学者もいる。また，心理学のような学問では，パラメトリック検定を用いる条件が十分に満たされているかどうかを確かめるのは非常に難しいという議論もある。40年以上前に，シーゲル（Siegel, 1956）は次のように述べている。

> 行動科学者がパラメトリック検定の有効な利用を可能にする測定をできることはめったにない。したがって行動科学の研究では，ノンパラメトリックな統計的検定が，今後よりいっそう重要性を増すだろう。
> (Siegel, 1956, p.31)

パラメトリック検定とノンパラメトリック検定のどちらがより適切

かについては,常に議論の的になっており,理解が非常に難しい領域である。これまで説明してきたように,ノンパラメトリック検定の検定力は,パラメトリック関連の検定にそれほど引けをとるものではない。だから,それを利用することはかなり妥当なのである。

### パラメトリック検定とノンパラメトリック検定の比較

| パラメトリック | ノンパラメトリック |
|---|---|
| 検定力がより大きい | 検定力は小さいが,その差はそれほど大きくない |
| より敏感 | パラメトリック検査と同じ検定力を持つためには,より多くの参加者が必要 |
| 頑健。使用上の条件が完全には満たされてなくても用いることができる | 計算がよりシンプル |

### 検定の選択

以下では,次の2種類の状況での統計的検定の選択方法について説明する。

・得点間の差の検定
・相関の検定

> 自信をもって適切な検定を選択できるようになる前に,尺度のレベルと実験デザインについて理解しておかなければならない。これらの概念についてまだよくわからなければ,この先のセクションを読む前に,もう一度セクション3とセクション10を復習してほしい。

## 2つのグループの得点差の検定

### 名義レベルの尺度データ
- データが名義レベルで独立群デザインによるものなら，$\chi^2$検定を用いることができる。
- 名義レベルのデータを反復測定デザインで集めたのなら，サイン検定を用いることができる。

### 順序レベルの尺度データ
これは，2つのグループの得点の分散が同じでない，あるいは母集団全体が正規分布しないと想定される間隔レベルのデータにも当てはまる（パラメトリック検定の等分散性，正規性の基準を満たしていない）。

- 順序レベルのデータ（あるいは，等分散性，正規性を満たしていない間隔データ）を独立群デザインで集めたのなら，マン‐ホイットニーの$U$検定を用いることができる。
- 順序レベルのデータ（等分散性，正規性を満たしていない間隔データ）を反復測定デザインで集めたのなら，ウィルコクスンの符号付順位検定を用いる。

### 間隔・比例レベルのデータ
等分散性，正規性の条件が満たされている必要がある。

- 間隔・比例レベルのデータ（およびパラメトリック検定の他の条件を満たしているデータ）を独立群デザインで集めたのなら，対応のない$t$検定を用いることができる。
- 間隔・比例レベルのデータ（およびパラメトリック検定の他の条

件を満たしているデータ）を反復測定デザインで集めたのなら，対応のある $t$ 検定を用いることができる。

表にまとめると次のようになる。

| 反復測定の検定 | 独立群の検定 | |
| --- | --- | --- |
| 対応のある $t$ 検定 | 対応のない $t$ 検定 | 間隔データ（3つの基準が満たされていること） |
| ウィルコクスンの符号付順位検定 | マン-ホイットニーの $U$ 検定 | 順序データ |
| サイン検定 | $\chi^2$ 検定 | 名義データ |

### 相関の検定

順序レベルの尺度からなるデータ（あるいは間隔レベルのデータだが，母集団に等分散性，正規性の保障がない）の場合には，

・スピアマンの順位相関係数を用いることができる。

間隔・比例レベルの尺度からデータ（そして等分散性，正規性の条件を満たしている）場合には，

・ピアソンの積率相関係数を用いることができる。

相関の検定は，次のような表にまとめることができる。

| 順序レベルのデータ | 間隔レベルのデータ |
| --- | --- |
| スピアマンの順位相関係数 | ピアソンの積率相関係数 |

◆——まとめ

適切な検定を決定できるようになる前に，以下の問題に答えられなければならない。

・2つのグループの得点から，差を検定しようとしているのか，それとも相関を検定しようとしているのか？
・どんな実験デザインが用いられているか。反復測定だろうか？　それとも独立群デザインか？　あるいはマッチドペアだろうか？
・データはどのレベルの尺度か？
・尺度が間隔・比例レベルのとき，パラメトリック検定を実施するのに必要な他の基準を満たしているか？
・2つのグループの値の散らばり具合は同じか？
・母集団の値は，正規分布をしているとみなせるか，それともその分布は歪んでいるか？

---

巻末に，検定の選択に役立つフローチャートを掲載しておいた。

---

### 練習問題 38

以下の研究で得られたデータを分析するのに，最も適切な検定を決めなさい。

1. 子供を乗せている車と，子供を乗せていない車のどちらが横断歩道でいったん停止する傾向があるかを観察する。
2. 20歳の男性たちに，自分の体型と，女性が好むであろう男性の体型を，イラストで評定してもらう。これら2種類の図形につい

ての得点を比較する。
3．女性が好むであろうと男性が考える男性の身体の大きさについての評定と，女性が実際に好む男性の身体の大きさについての評定を比べる。
4．結婚したカップルは互いに似通った魅力度をもつようになるだろうという仮説を検証するため，機会サンプリングを用いて一般の人びとに，夫，妻の写真をいろいろ見せて評定してもらう。
5．健康に関する質問紙とストレス尺度とに，相関があるかどうかを調査する。
6．30歳以下の人の記憶桁数と，70歳以上の人の記憶桁数を比較する。

セクション **12**

# いろいろな検定法

◆次の検定は，どのようなときに使い，どのように計算するか
 $\chi^2$ 検定
 サイン検定（符号検定）
 マン‐ホイットニーの $U$ 検定
 ウィルコクスンの符号付順位検定
 対応のない $t$ 検定
 対応のある $t$ 検定
 スピアマンの順位相関係数
 ピアソンの積率相関係数
◆得点をどのように順位化するか

検定結果の解釈についてはセクション13で解説する。もしまだ統計的検定の解釈に慣れていないなら，セクション13を先に読んでおく必要がある。

◆―――名義レベルデータの検定

・$\chi^2$（カイ2乗）検定
・サイン検定

### $\chi^2$ 検定

**どんなとき用いるか**
集めたデータが名義レベルのデータ（参加者をカテゴリーに分類し

たデータ）であり，そのデータが独立している（個々の参加者が表中の1つの「セル」だけに該当する），あるいは観察されたすべてのデータが同じ参加者のものである場合，$\chi^2$検定を用いる。

---

データが独立しているという点をしっかり理解していることが非常に重要である。たとえば雨の日に，男女それぞれがレインコートを着ていて，そして／あるいは，傘を持っているかどうかを観察し，次のようなデータを得たとしよう。

|  | 男性 | 女性 |
|---|---|---|
| レインコートを着ている | 12 | 24 |
| 傘を持っている | 8 | 42 |
| どちらでもない | 48 | 6 |

このデータは$\chi^2$検定に適しているように見えるかもしれない。しかし，コートを着て傘も持っていた人たちが，2つの「セル」にカウントされていることになる。つまりデータは独立ではない。したがって，この場合$\chi^2$検定は適切ではない。

---

$\chi^2$検定は行のそれぞれの数（1つの変数を表す）と列のそれぞれの数（別のもう一つの変数を表す）の間の関連を検定する。

### 原 理

$\chi^2$検定は，各カテゴリーに実際に割り当てられた数（**観察された頻度**）を，偶然に分布すると予測される数（**予測される頻度**）と比較する。

- データは実際に数えた頻度でなくてはならない。平均，割合，比率などではない。
- データは独立していなくてはならない（p.170参照）。
- 常に両側値を用いるが，「適合度」の検定は例外である（本セクションの後半，p.176を参照）。
- $\chi^2$値を計算するとき，**期待値**（expected value, $E$）を求める。もし幾つかの期待値が5以下であった場合，実際には変数間に関連はないのに，関連があると結論付けてしまう可能性が高くなる（このセクションの後半，p.175で詳しく説明する）。サンプル数が少ないとき，特にこうしたことが起こりやすくなる。

### $\chi^2$値の計算手順

1. 下の表のように，データをセルの中に配置する。

**例：本をたくさん持ち歩くときの男女の運び方の違いを観察した結果**

|  | 男性 | 女性 | 合計 |
|---|---|---|---|
| 本を体の脇で運んでいる | 17 | 4 | 21 |
| 本を体の前で運んでいる | 7 | 22 | 29 |
| 合計 | 24 | 26 | 50 |

集められたデータを**観測値**（observed value, $O$）という。

2. 次の公式を用いて，それぞれのセルの期待値（$E$）を計算する。

$$期待値\ (E) = \frac{行の合計 \times 列の合計}{総計}$$

セクション12 いろいろな検定法

**例：本をたくさん持ち歩くときの男女の運び方の違いを観察した結果**

|  | 男性 | 女性 | 合計 |
|---|---|---|---|
|  | セル a | セル b |  |
| 本を体の脇で運んでいる | 17 | 4 | 21 |
|  | セル c | セル d |  |
| 本を体の前で運んでいる | 7 | 22 | 29 |
|  | 24 | 26 | 50 |

セル a の期待値　　$E = \dfrac{21 \times 24}{50} = 10.08$

セル c の期待値　　$E = \dfrac{29 \times 24}{50} = 13.92$

セル b とセル d の期待値も計算してみよう。

セル b の期待値　　$E = \dfrac{21 \times 26}{50} = 10.92$

セル d の期待値　　$E = \dfrac{29 \times 26}{50} = 15.08$

3．公式 $\chi^2 = \sum \dfrac{(O-E)^2}{E}$ を用いて $\chi^2$ 値を計算する。このとき，

$O$ ＝該当するセルで観測された頻度
$E$ ＝該当するセルに期待される頻度
$\sum$ ＝合計値

となる。

上のデータでは，　　セル a $= \dfrac{(17-10.08)^2}{10.08} = 4.75$

次のような表を用いると，整理しながら計算することができる。

|  | 観測値($O$) | 期待値($E$) | $O-E$ | $(O-E)^2$ | $(O-E)^2/E$ |
|---|---|---|---|---|---|
| セルa | 17 | 10.08 | 6.92 | 47.89 | 4.75 |
| セルb | 4 | 10.92 | −6.92 | 47.89 | 4.39 |
| セルc | 7 | 13.92 | −6.92 | 47.88 | 3.44 |
| セルd | 22 | 15.08 | 6.92 | 47.89 | 3.18 |

$(O-E)^2/E$ の合計＝15.76

したがって，この例での $\chi^2$ 値は 15.76 となる。

4．**自由度**（degrees of freedom: $df$）を計算する。自由度の公式は，

$df=$（列数$-1$）×（行数$-1$）

上記の例では自由度は $(2-1) \times (2-1) = 1$ である。

---

自由度というのは，説明するのが大変複雑である。これは集められた観測値が変化に対してどれだけ制限がないかを表している。

**例**

友人が，どちらの足から先にズボンをはくかを観察したとする。友人はどちらから先にはくか選べるわけである。もしどちらの足か

らズボンをはくかをいったん決めてしまったら，次にどちらの足を入れるかに選択肢はなくなる。選択肢は2つしかないので，ここでは自由度が1ということになる。

犬の足を洗う場合，洗う足の順番には自由度が3ある。最初は選択肢がたくさんある。次に洗う足についてもまだ選択肢がある，その次に洗う足についてはかなり限定されてしまう。そして最後に洗う足については選択肢がない。

## 棄却限界値表から有意性の程度を調べる（付表1）

名義カテゴリーは定義上，順序の性質をもたない。そのため一般的な $\chi^2$ 検定で結果に方向性のある（片側）予測をすることは論理的でない。（次のセクションで取り上げる「適合度」に関する $\chi^2$ 値で用いることは可能である）。**一般的な $\chi^2$ 検定では，両側値を用いなくてはならない。**

付表1を見てみよう。$\chi^2$ の棄却限界値が表記されている。**有意性**（significance）のレベルは自由度によって異なる。データの自由度の行を見つけて，その下に定規か何かを置いておこう。そして計算によって得た $\chi^2$ 値が該当するあたりに指を置く。その指の左側の列を最上段までたどって，そこの値を見る（ピッタリ一致していたら，その列を見る）。これが研究によって得られた有意性のレベルになる。（もし左側に値が存在しなかったら，有意ではないことを意味する）。先にあげた例を見ると，

|        | 有意水準（*p*） | | | |
|--------|------|------|------|--------|
|        | 0.10 | 0.05 | 0.01 | 0.001  |
| *df*=1 | 2.71 | 3.84 | 6.64 | 10.83* |
| 2      | 4.60 | 5.99 | 9.21 | 13.82  |

注：アスタリスク（*）は値15.76が該当するところを示している。

15.76 は 10.83 よりも大きな値なので，偶然による結果の可能性を示す有意性のレベルは 0.1 パーセントあるいは 1 パーセントよりも小さな値（$p<0.001$）となる。つまり実験仮説を採択できるというわけである。もちろん結果が偶然によるものである可能性も，わずかだが残されてはいる。

### 2×2の検定の簡易公式

この公式は 2×2 の検定にのみ使える。

$$= \frac{n(ad-bc)^2}{(a+b)(c+d)(a+c)(b+d)}$$

$n=$全サンプル数，$a=$セル a の観測度数，$b=$セル b の観測度数，以下同様

## $\chi^2$検定を使うことをめぐる論争

### イェーツの修正

最近まで，2×2 の $\chi^2$ 検定ではイェーツの修正を施すべきであるという議論が統計学者の間で言われていた。しかし現在では，これは必要ではないと考えられているようである。できるだけ簡潔に記述することを心がけているので，本書ではこれには触れないことにする。

### 低い期待値

私と同世代の心理学者は，次のようなことを暗記させられた。「期待値全体の20％が 5 以下だった場合，$\chi^2$ 検定は信頼性がなくなる。」（Cochran, 1954）しかし最近，この問題について研究したクーリカン（Coolican, 1994）は，次のように述べている。

合計20以上のサンプルがある場合，1～2個のセルの期待値が 1～2 の

値をとっても検定に耐えうることには議論の余地がないという考えが最近は大勢を占めている。……しかし**合計サンプル数が20を下回り，2つのセルで期待値が5を下回った場合には，タイプⅠのエラーの可能性が非常に高くなる。** (Coolican, 1994, pp.266)

期待値が5以下のセルを含む$\chi^2$乗検定の結果を解釈するときは，注意が必要であるというのが私の見解である。こういう結果は変数間の何らかの関連を示している可能性がある。しかしそういう関連が本当に存在するかどうかについては，さらに研究する必要があるだろう。

### 適合度 $\chi^2$ 検定

これは$\chi^2$検定の特殊形で，変数が1つだけで，その中に含まれる複数のカテゴリーへの分布を検定するときに用いられる。たとえば，

| 年齢別に見た芽キャベツが好きな人の数 | | | | | | |
|---|---|---|---|---|---|---|
| 年齢 | 1 - 5 | 6 - 10 | 11 - 15 | 16 - 20 | 21 - 25 | 合計 |
|  | 0 | 2 | 14 | 25 | 29 | 70 |

ざっとみたところ，年齢とともに芽キャベツが好きになる傾向があるようである。この仮説を適合度$\chi^2$検定（goodnes of fit'chi-square）によって検定することができる。

### 適合度 $\chi^2$ 検定の計算

1. それぞれのセルの期待値（$E$）を計算する。もし分布が偶然によるものならば，観測値はすべて同じ値になるはずである。したがって，それぞれのセルの期待値はサンプル数全体をセルの数で割った値になる。（この表の場合，$E = 70 \div 5 = 14$ となる。）

2. それぞれのセルについて $\dfrac{(O-E)^2}{E}$ を計算する。

3. $\chi^2$値 $= \sum \dfrac{(O-E)^2}{E}$

これらの値を先に用いた表に当てはめてゆくと,

|  | 観測値($O$) | 期待値($E$) | $O-E$ | $(O-E)^2$ | $(O-E)^2/E$ |
|---|---|---|---|---|---|
| セルa | 0 | 14 | −14 | 196 | 14.00 |
| セルb | 2 | 14 | −12 | 144 | 10.29 |
| セルc | 14 | 14 | 0 | 0 | 0 |
| セルd | 25 | 14 | 11 | 121 | 8.64 |
| セルe | 29 | 14 | 15 | 225 | 16.07 |
|  |  |  |  | 合計 | 49.00 |

したがって, $\chi^2$値は 49.00 となる。

4. 自由度はセルの数から 1 を引いた値である。5−1＝4
5. 棄却限界値の表を用いて, 有意性のレベルを見る。

|  | 有意水準（$p$） | | | |
|---|---|---|---|---|
|  | 0.10 | 0.05 | 0.01 | 0.001 |
| $df=3$ | 6.25 | 7.82 | 11.34 | 16.27 |
| 4 | 7.78 | 9.49 | 13.28 | 18.46* |
| 5 | 9.24 | 11.07 | 15.09 | 20.52 |

注：アスタリスク（*）は該当する$\chi^2$値の場所を示している。

＊印のついている左側の列の一番上を見てみよう。0.001 という有意性のレベルが得られた。つまりこの結果が偶然である可能性は 0.1 パーセント以下（$p<0.001$）ということになる。これにより実験仮説を採択することができ, 芽キャベツの好みと年齢との間には関連があると言える。だが, それでもまだ, 解釈が間違っているという可能性がわずかながら残っている。

## サイン検定(符号検定)

### どんなときに用いるか

対応のあるデザインあるいはマッチドペアデザインを用いて名義レベル(それぞれのカテゴリーにいくつのケースが当てはまるか)で集めたデータに差があるかどうかを検定するときに用いる。

### 例

ヨーロッパ統一通貨(ユーロ)に対する態度を,海外旅行経験の多い人と海外旅行をしたことのない人で(その他の点では等しいようにペアにして)比較し,違いがあるかどうかを明らかにする調査で,サイン検定を用いることができる。

**マッチドペアデザインによる,海外旅行を一度もしたことがない人と頻繁に海外旅行に行く人の,態度質問への得点比較**

|  | よく旅行する | 海外旅行をしたことがない | 変化の方向 |
| --- | --- | --- | --- |
| ペア1 | 18 | 14 | ＋ |
| ペア2 | 15 | 15 | ＝ |
| ペア3 | 17 | 10 | ＋ |
| ペア4 | 16 | 12 | ＋ |
| ペア5 | 19 | 17 | ＋ |
| ペア6 | 16 | 17 | － |
| ペア7 | 14 | 10 | ＋ |
| ペア8 | 17 | 17 | ＝ |

注:値が大きいほど肯定的態度:得点の最大値は20。

1つのペアでは,海外旅行未経験者のほうがユーロを好ましく評価している。5つのケースでは,海外旅行によく行く人の方がユーロを好ましく評価している。2つのケースでは,態度に違いがない。

### 原 理

これは非常にシンプルな検定で,一つの方向への変化の数と,他の方向への変化の数を,偶然によって起こると予測される場合と比較する。

### サイン検定の計算方法

1. 条件Aと条件Bの変化にプラス,マイナス,あるいは等しい(ゼロ)の符号を割り振る。一定の仕方で符号をつけるよう注意しよう。
2. プラス,マイナスの符号がいくつあったかを数える。小さいほうの値が,検定値 ($S$) となる。
3. ゼロでなかった参加者の数を数える ($N$)。
4. 棄却限界値表の$S$の値を見る(付録の表2)。

### 例

ストレス状況下,非ストレス状況下において,一人でいることあるいは他者と一緒にいることのどちらを選択したかを示した表

|  | ストレス条件 | 非ストレス条件 | 変化の方向 |
| --- | --- | --- | --- |
| 参加者1 | 他者と一緒 | 一人 | − |
| 参加者2 | 他者と一緒 | 一人 | − |
| 参加者3 | 一人 | 他者と一緒 | ＋ |
| 参加者4 | 他者と一緒 | 一人 | − |
| 参加者5 | 他者と一緒 | 他者と一緒 | 0 |
| 参加者6 | 他者と一緒 | 一人 | − |
| 参加者7 | 一人 | 一人 | 0 |
| 参加者8 | 他者と一緒 | 一人 | − |
| 参加者9 | 他者と一緒 | 一人 | − |
| 参加者10 | 他者と一緒 | 一人 | − |

全部で

プラスの符号＝1　　マイナスの符号＝7

つまりS値は1となる。

ゼロ以外の符号がついた参加者の数（N）を数える。Nの値は8となる。

### 棄却限界値表から有意性のレベルを読み取る（付表2）

表の一番上に，「有意水準」の表題があり「片側」「両側」と書かれている。もし方向性をもつ仮説ならば片側値を用いる。もし仮説が非方向性なら，両側値を用いる。

左端の列には「N」と書かれている。該当するNの行を選ぶ。見つかったらその行の下に定規などを置くと良いだろう。あとの作業がやりやすくなる。指でこの行を横になぞり，得られたS値に対応する値を見つける。その列の一番上を見ると，それが得られた**有意水準**になる。（該当するS値がなかったら，それは有意差がないことを意味する。）

先の例を見ると，

1．海外旅行経験者と未経験者のヨーロッパ統一通貨に対する反応は，$N=6, S=1$ である。

| | 両側検定における有意水準 | | | | |
|---|---|---|---|---|---|
| | 0.10 | 0.05 | 0.02 | 0.01 | 0.001 |
| N=6 | 0 | 0 | — | — | — |

Sは0よりも大きな値をとっているから，結果は有意ではない。

2．1人で待つか，誰かほかの人と待つかの選択。$N=8, S=1$

|  | 両側検定における有意水準 | | | | |
|---|---|---|---|---|---|
|  | 0.10 | 0.05 | 0.02 | 0.01 | 0.001 |
| N=8 | 1 | 0 | 0 | 0 | 0 |

結果が偶然である可能性は10パーセント（$p<.10$）となる。（この結果を有意とみなしてよいかどうかについては，セクション13で説明する。)

### ◆───順序レベルデータのための2つの検定法

・マン‐ホイットニーの$U$検定
・ウィルコクスンの符号付順位検定

順序レベルの検定では，もとのデータを直接使わず，得点を順位化した値を計算に用いる。これはノンパラメトリック検定の1つの特徴でもある。そのため，まず実際の計算を行う前に，得点の**順位付け方法**について知っておく必要がある。

#### 順位付け

まず得点を順番に並べる。次にその順番に応じた番号をそれぞれの得点に割り当ててゆく。

#### 例

8人の学生が試験を受けた。50点満点中彼らの点数は次のようになった。

| 参加者1 | 34 |
| --- | --- |
| 参加者2 | 15 |
| 参加者3 | 44 |
| 参加者4 | 34 |
| 参加者5 | 22 |
| 参加者6 | 36 |
| 参加者7 | 18 |
| 参加者8 | 39 |

### ステップ1

得点を昇順(小さな値から大きな値になるように)に並べる。

15, 18, 22, 34, 34, 36, 39, 44

### ステップ2

最低点に1，その次は2というように番号を振ってゆく。(もし最後の数値がデータの数と一致しなかったら，どこかで番号を振り間違えていることになる。)

| 15 | 18 | 22 | 34 | 34 | 36 | 39 | 44 |
| --- | --- | --- | --- | --- | --- | --- | --- |
| *1* | *2* | *3* | *4* | *5* | *6* | *7* | *8* |

このとき，順番を表す番号は値の下側に別の色で振ると良いだろう。

### ステップ3

2つあるいはそれ以上の粗点が同じ値をもつことがよくある。これらは**同順位点**と呼ばれる。上記の例では2人が34点をとっている。この場合，片方に4番，もう片方に5番と振るのは明らかにばかげている。同順位があった場合には，次のように2つの値の真ん中の値をつける。

| 34 | 34 | 4と5の中点 |
|---|---|---|
| *4* | *5* | =*4.5* |

**ステップ4**

そうすると，順位は次のように表記される。

| 15 | 18 | 22 | 34 | 34 | 36 | 39 | 44 |
|---|---|---|---|---|---|---|---|
| *1* | *2* | *3* | *4.5* | *4.5* | *6* | *7* | *8* |

（同点の値だけが変わっていることに注意してほしい。）

もし同順位が3つあったら，真ん中の番号をそれぞれの値につける。

| 得点 | 12 | 14 | 14 | 14 | 26 | 29 |
|---|---|---|---|---|---|---|
| 番号 | *1* | *2* | *3* | *4* | *5* | *6* |
| 順位 | *1* | *3* | *3* | *3* | *5* | *6* |

14には2, 3, 4の番号が振られているので，それぞれに真ん中の3を与える。

同点がたくさんあった場合でも，常に真ん中の順位あるいは真ん中の値を割り振る。たとえば，

| 10 | 12 | 12 | 12 | 12 | 12 | 14 |
|---|---|---|---|---|---|---|
| *1* | *2* | *3* | *4* | *5* | *6* | *7* |

この場合，すべての12に4という順位をつける。

| 3 | 3 | 3 | 4 | 5 | 6 | 7 | 7 | 7 | 7 |
|---|---|---|---|---|---|---|---|---|---|
| *1* | *2* | *3* | *4* | *5* | *6* | *7* | *8* | *9* | *10* |

この場合，すべての3に2という順位をつけ，すべての7に8.5という順位をつける。

**ステップ5**

すべてに順位をつけたら，もとの表にその順位を書き込む。

**テストの得点とその順位の表**

|  | テストの得点 | 順位 |
| --- | --- | --- |
| 参加者1 | 34 | 4.5 |
| 参加者2 | 15 | 1 |
| 参加者3 | 44 | 8 |
| 参加者4 | 34 | 4.5 |
| 参加者5 | 22 | 3 |
| 参加者6 | 36 | 6 |
| 参加者7 | 18 | 2 |
| 参加者8 | 39 | 7 |

**練習問題 39**

次の得点に順位をつけなさい

1. 1, 2, 5, 5, 5, 5, 7, 3, 4
2. 10, 14, 13, 14, 10, 9, 13, 11, 12, 15
3. 1, 3, 5, 1, 7, 3, 1, 8, 2, 1, 1
4. 100, 122, 123, 112, 122, 103, 104
5. 0.1, 0.2, 0.8, 0.2, 1.2, 0.05, 0.7, 0.2

## マン‐ホイットニーの$U$検定

### どのようなとき用いるか

独立群デザインを用いた研究で，2つのグループ間に違いがあると予測しているとき，マン‐ホイットニーの$U$検定が適している。順序

尺度で測定されたデータで，母集団の分布に関する仮定を設けていないときにも用いることができる。

### 原　理

検定の背後にある原理は単純である。2つのグループの参加者からデータを集め，すべての得点を1つの大きなリストにして順位によって並べ，2つのグループが等質で，差が偶然によるものであるなら，それぞれの得点に割り当てられた順位は同様になるだろう。しかしもし，2つのグループの得点に違いがあったら，一方のグループの順位は高く，もう一方のグループの順位は低いだろう。マン‐ホイットニーの$U$検定は，それぞれのグループの参加者の順位を比較する。

### マン‐ホイットニーの$U$検定の計算方法

1．2つのグループに含まれる**すべての**得点をひとまとめにして，順位付ける（もし順位付けの方法がわからなかったら，もう一度181-184ページを復習しよう）。
2．2つのグループ毎に，順位の総得点を算出する。
3．総得点の大きいほうを選ぶ（これを$T$と呼ぶ）。
4．次の公式に従って$U$値を算出する。

$$U = n_1 n_2 + \frac{n_T(n_T+1)}{2} - T$$

$n_1$＝1つ目のグループの参加者の人数
$n_2$＝2つ目のグループの参加者の人数
$T$＝大きいほうの順位の総得点
$n_T$＝順位の総得点の大きいほうのグループの参加者の人数

例

グループ別に見た単語再生量の表：記憶再生の方法として，グループ1は
イメージ法，グループ2は反復法を用いている

| グループ1の得点 | 順位 | グループ2の得点 | 順位 |
| --- | --- | --- | --- |
| 9 | 11 | 5 | 4.5 |
| 9 | 11 | 6 | 6.5 |
| 8 | 9 | 5 | 4.5 |
| 7 | 8 | 4 | 2.5 |
| 6 | 6.5 | 3 | 1 |
| 9 | 11 | 4 | 2.5 |
| 順位の合計 | 56.5 | | 21.5 |

この例では，$n_1=6$, $n_2=6$, $T=56.5$, $n_T=6$ となるので，

$$U = 6 \times 6 + \frac{6(6+1)}{2} - 56.5 = 36 + \frac{42}{2} - 56.5 = 0.5$$

### 棄却限界値表から有意性のレベルを見つける（付表3）

マン-ホイットニーの表は他の検定の表とは異なっている。付表3を開くと，有意性のレベルによって見る表が違うことに気づくだろう。有意水準を0.05にとると，もし片側仮説を想定しているならば，付表3dを見る（「有意水準0.05（**片側検定**）の$U$の棄却限界値」という表題がついている）。もし両側仮説を想定しているならば付表3cを見る（「有意水準0.05（両側検定）の……」）。$n_1$が上部に，$n_2$が左側に位置している。2つの値の交わるところが，研究の$U$の棄却限界値である。計算によって求められた$U$がこの値と同じか，あるいはそれよりも小さな値だったら，実験仮説を採択することができる。

### サンプルサイズが大きい場合（$n_1$あるいは$n_2$が20を超える場合）

マン-ホイットニーの棄却限界値表ではサンプルサイズが20を超え

るものは表記されていない。もし研究の参加者数がこの値を上回っていたら，次の公式を用いて値を$z$変換しなくてはならない。

$$z = \frac{U - \dfrac{n_1 n_2}{2}}{\sqrt{\dfrac{n_1 n_2 (n_1 + n_2 + 1)}{12}}}$$

そして，もし $Z \geqq 1.96$ だったら，$p < .05$，$Z \geqq 2.58$ だったら，$p < .01$ の表を用いる。

データを集めるときには上記のことを憶えておいて，参加者の数を制限するようにしよう。

### 2つのグループの人数が違う場合

実施された研究の2つのグループの人数が異なる場合には，2つのグループのそれぞれの順位和について$U$値を算出する。2つの値を比較し，小さいほうの$U$値にもとづいて棄却限界値表から有意性のレベルを見つける。

### ウィルコクスンの符号付順位検定

この検定を，単にウィルコクスンの検定と呼ばないように注意しよう。ウィルコクスンは2つの検定を考案し，どちらにも彼の名前がついている。ウィルコクスンの符号付順位検定は，ウィルコクスンのマッチドペア符号付順位検定とも，ウィルコクスンの$T$検定とも言われる。（この場合は，常に「$T$」が大文字で表記される。$t$検定と混同しそうであるが，まったく違うので気をつけよう。）

### どのようなとき用いるか

順序レベルのデータを反復測定デザインやマッチドペアデザインに

よって得た場合で，2つの得点群の間に違いがあるかどうかを検定するとき，ウィルコクスンの符号付順位検定を用いる。

### 原　理

この検定ではまず各参加者の一方のテストの得点を他方のテストの得点から引く。もし，大部分の参加者が一方のテストで，他方よりも成績が良かったとすると，ほとんどすべての得点差が同じ符号（＋あるいは−）を示すはずである。しかし，何人かの参加者は一方のテストのほうが成績が良いが，ほかの参加者は他方のテストのほうが成績が良いとすると，差の符号は＋と−が入り混じることになる。

### 計算方法

1．ペアになっている得点の差（$d$）を計算する。差の符号の＋，−も記載する。
2．符号を無視し，値の大きさだけで差得点を順位付けする。このとき0点は順位付けから除く。最も小さな差得点を順位「1」とする。
3．プラスの値をもつ差得点の順位を合計する。
4．同様にマイナスの値をもつ差得点の順位を合計する。
5．上の3，4で得た値のうち，小さな値を$T$得点とする。
6．この値を付表4の値と見比べる。

### 例

反復測定デザインを用いて10人の参加者に単語記憶テストをした。単語のイメージを思い浮かべる方法（イメージ法）と，単語を何度も反復する方法（反復法）を記憶法として用いた。

**イメージ法と反復法を用いた実験参加者の単語再生数の表**

|  | イメージ法 | 反復法 | $d$ | 順位 |
|---|---|---|---|---|
| 参加者1 | 10 | 6 | −4 | 7.5 |
| 参加者2 | 9 | 6 | −3 | 5.5 |
| 参加者3 | 8 | 8 | 0 |  |
| 参加者4 | 9 | 8 | −1 | 2 |
| 参加者5 | 7 | 8 | +1 | 2 |
| 参加者6 | 9 | 9 | 0 |  |
| 参加者7 | 6 | 8 | +2 | 4 |
| 参加者8 | 10 | 7 | −3 | 5.5 |
| 参加者9 | 9 | 5 | −4 | 7.5 |
| 参加者10 | 10 | 9 | −1 | 2 |

注：$d$ が正の値を示した順位の合計＝6
$d$ が負の値を示した順位の合計＝30.0
したがって $T$=6.0

## 棄却限界値表から結果を読み取る（付表4）

最上段に「片側検定」「両側検定」別に，有意水準が表記されている。実験仮説にふさわしいほうを用いる。

左側の列には $N$ と表記されている。これは同点を除いたペアの数を意味している。先の例では $N$=8 となる。$N$ の行を見つけたら，見失わないようにその下に定規何か置くとよい。次に，$T$ の値が該当しそうなところを見つけ，その左側の列を最上段までなぞっていく（数値がぴったり合ったなら，その数値の列を上までなぞる）。そこに該当する有意水準が，研究で得られたものである。左側に値がなかったら，有意な差はない。

上記の例では，

セクション12　いろいろな検定法

|   | 有意水準 |  |  |  |
|---|---|---|---|---|
|   | 0.05 | 0.025 | 0.01 | 0.005 (片側) |
| $N$ | 0.10 | 0.05 | 0.02 | 0.01 (両側) |
| 8 | 6 | 4 | 2 | 0 |

$N=8$ の行には 6.0 がある。片側仮説を採っているなら有意水準は 5％，両側仮説を採っているなら，有意水準は 10％ である。(後者は一般に有意でないと解釈する。)

◆───**パラメトリック検定の条件を満たす 2 つの検定**

・対応のない（独立したサンプルの）データの $t$ 検定
・対応のあるデータの $t$ 検定

**対応のないデータの $t$ 検定**

**どのようなとき用いるか**

順序レベルあるいは間隔レベルのデータで，パラメトリック検定に必要とされる基準を満たしており，異なる参加者から得た 2 つのグループの得点差を検定しようとするとき（つまり**独立群デザイン**を用いているとき）に用いる。

**原　理**

対応のないデータの $t$ 検定では，2 つのグループ間の散らばり具合を得点全体の散らばり具合と比較する。グループ間の散らばり具合は平均の差として算出される。全体の散らばり具合は次に示す恐ろしげな公式から計算する。この公式はグループ平均から個人の値がどれだけ隔たっているかを考慮している。実際は，見た目ほど難しくはない。

**$t$値の計算手順**

1．条件Aの合計得点を算出し，次に条件Aの平均を出す。
2．条件Aの合計得点を2乗した値を算出する。
3．条件Bの合計得点を算出し，次に条件Bの平均を出す。
4．条件Bの合計得点を2乗した値を算出する。
5．条件Aの各得点を2乗する。
6．それらの値を合計する。
7．条件Bの各得点を2乗する。
8．それらの値を合計する。
9．以下の公式を使って$t$値を計算する。

$$t = \frac{M_A - M_B}{\sqrt{\frac{\left(\sum x_A^2 - \frac{(\sum x_A)^2}{n_A}\right) + \left(\sum x_B^2 - \frac{(\sum x_B)^2}{n_B}\right)}{(n_A - 1) + (n_B - 1)} \left(\frac{1}{n_A} + \frac{1}{n_B}\right)}}$$

$M_A$＝グループAの平均
$M_B$＝グループBの平均
$\sum x_A^2$＝グループAの値を2乗し，合計したもの
$\sum x_B^2$＝グループBの値を2乗し，合計したもの
$(\sum x_A)^2$＝グループAの値の合計値を2乗したもの
$(\sum x_B)^2$＝グループBの値の合計値を2乗したもの
$n_A$＝グループAの参加者数
$n_B$＝グループBの参加者数

$t$値の正負（＋，−）は問題ではない。棄却限界値表を見るときは，符号を無視する。

10. グループAの参加者数から1を引いた値と，グループBの参加者数から1を引いた値を足し，自由度（$df$）を求める。

$$df = (n_A - 1) + (n_B - 1)$$

### 例

一方のグループ（グループA）の参加者には，朝9時にアナグラム課題 'CHUNL'（LUNCH）を解く時間を測定する。もう一方のグループ（グループB）の参加者は，同じ課題を昼の12時に実施する。昼食時に近い時間にアナグラム課題を実施した参加者のほうが，それよりも早い時間に課題を実施した参加者よりも，課題を解く時間が早いという片側仮説を立てる。

**アナグラム課題「CHUNL」を解くのにかかった時間**

| グループA (9:00am) | | グループB (12:00am) | |
| --- | --- | --- | --- |
| 得点（秒） | 得点の2乗値 | 得点（秒） | 得点の2乗値 |
| 10 | 100 | 2 | 4 |
| 5 | 25 | 1 | 1 |
| 6 | 36 | 7 | 49 |
| 3 | 9 | 4 | 16 |
| 9 | 81 | 4 | 16 |
| 8 | 64 | 5 | 25 |
| 7 | 49 | 2 | 4 |
| 5 | 25 | 5 | 25 |
| 6 | 36 | 3 | 9 |
| 5 | 25 | 4 | 16 |
| 合計 64 | 450 | 37 | 165 |
| 平均値 6.4 | | 3.7 | |

この例では，

$$t = \frac{6.4 - 3.7}{\sqrt{\dfrac{\left(450 - \dfrac{4096}{10}\right) + \left(165 - \dfrac{1369}{10}\right)}{9+9}\left(\dfrac{1}{10} + \dfrac{1}{10}\right)}}$$

$$= \frac{2.7}{\sqrt{\dfrac{(450 - 409.6) + (165 - 136.9)}{18} \times \dfrac{1}{5}}}$$

$$= \frac{2.7}{\sqrt{3.806 \times 0.2}} = \frac{2.7}{\sqrt{0.7612}}$$

$t = 3.095$

### 棄却限界値表から有意水準を読み取る（付表5）

対応のあるデータの$t$検定と同様の手続きに従って，有意水準を読み取る（対応のあるデータの$t$検定の説明のところ（p.194）で，詳しく解説する）。

この例では$t=3.095$，$df=(10-1)+(10-1)=18$ となる。

|    | 有意水準 |       |       |              |
|----|---------|-------|-------|--------------|
|    | 0.05    | 0.025 | 0.01  | 0.005（片側） |
| df | 0.10    | 0.05  | 0.02  | 0.01 （両側） |
| 17 | 1.740   | 2.110 | 2.567 | 2.898        |
| 18 | 1.734   | 2.101 | 2.552 | 2.878 *      |
| 19 | 1.729   | 2.093 | 2.539 | 2.861        |

ここでは$t$値は＊印のところに該当し，片側仮説であるから，有意水準は 0.005 になる。つまり，結果が偶然に起こる確率は 0.5パーセント（$p<.005$）となり，実験仮説を採択できることになる。もちろん，わずかながら偶然の結果である可能性は残っている。

### 対応のあるデータの$t$検定

#### どのようなとき用いるか

パラメトリック検定の条件を満たす間隔レベルあるいは比例レベルのデータで，同一の参加者から反復測定デザイン，あるいはマッチドペアデザインによって得た2種類のデータに差があるかどうかを調べる場合に，対応のある$t$検定を用いる。

#### 原　理

この検定は，2種類の得点セットの差と得点全体のばらつきを比較する。

#### 対応のある$t$検定の計算手順

1. 各々の参加者の条件A，条件Bの値の差得点を計算する。条件A－条件Bにするかそれとも条件B－条件Aにするかを事前に統一しておく。
2. 差得点を合計する（マイナスの値はマイナスの値として計算する）。
3. 各々の差得点を2乗する。
4. 2乗した差得点を合計する。
5. ステップ2で得た差得点の合計値を2乗する。
6. 以下の公式を使って$t$値を計算する。

$$t = \frac{\Sigma d}{\sqrt{\dfrac{N\Sigma d^2 - (\Sigma d)^2}{N-1}}}$$

$\Sigma d$＝条件AとBの差得点の合計値
$\Sigma d^2$＝差得点の2乗の合計値

$(\Sigma d)^2$＝差得点を合計してから2乗した値（ステップ5）
$N$＝参加者数
$\sqrt{\ }$＝平方根

7. 自由度を計算する。この場合，参加者数から1引いた値が自由度となる（$df=N-1$）。

＊公式には違うバージョンがある。もし本書と違う公式を見つけても，心配しないでほしい。

### 例

地元のダイエットクラブで，1ヵ月間のダイエットの効果と，その間運動量を増やすことの効果を比較したとしよう。結果は以下のようになった。

|  | 低脂肪ダイエット | 運動量を増やす | $d$ | $d^2$ |
|---|---|---|---|---|
| 参加者1 | 10 | 2 | 8 | 64 |
| 参加者2 | 5 | 1 | 4 | 16 |
| 参加者3 | 6 | 7 | −1 | 1 |
| 参加者4 | 3 | 4 | −1 | 1 |
| 参加者5 | 9 | 4 | 5 | 25 |
| 参加者6 | 8 | 5 | 3 | 9 |
| 参加者7 | 7 | 2 | 5 | 25 |
| 参加者8 | 5 | 5 | 0 | 0 |
| 参加者9 | 6 | 3 | 3 | 9 |
| 参加者10 | 5 | 4 | 1 | 1 |
| 合計 | 64 | 37 | 27 | 151 |
| 平均値 | 6.4 | 3.7 |  |  |

得点は減った体重（ポンド）

$$t = \frac{27}{\sqrt{\dfrac{10 \times 151 - (27)^2}{10 - 1}}} = \frac{27}{\sqrt{\dfrac{1510 - 729}{9}}}$$

$$= \frac{27}{\sqrt{86.8}} = \frac{27}{9.317} = 2.89 \text{(小数点第3位以下は切り捨て)}$$

### 棄却限界値表から有意水準を見つける（付表5）

一番上をみると，「片側」と「両側」別に有意水準がある。実験仮説にふさわしいほうの有意水準を見る。

左端の列には $df$ と書かれている。これは自由度（degrees of freedom）のことである。適切な自由度を見つけ（ステップ7で計算したものである），この行の下に定規か何か置いておく。そうすれば見失わなくてすむ。そしてその行を指でなぞり，適合する $t$ 値を探す。その左側の列（あるいは $t$ 値が表の値にピッタリ一致すればその列）を表の上部までなぞると，それが有意水準となる。（もし指の左側に何の値もなかったら，結果は有意ではない）。

上記の例では，$t=2.89$，$df=9$ だったので，

|    | 有意水準 |       |         |              |
|----|---------|-------|---------|--------------|
|    | 0.05    | 0.025 | 0.01    | 0.005（片側） |
| $df$ | 0.10    | 0.05  | 0.02    | 0.01　（両側） |
| 8  | 1.860   | 2.306 | 2.896   | 3.355        |
| 9  | 1.833   | 2.262 | 2.821 * | 3.250        |
| 10 | 1.812   | 2.228 | 2.764   | 3.169        |

計算結果の $t$ 値は * のついているところになる。ここでは両側仮説をたてているから，有意水準は 0.02 となる。言い換えると，この結果が偶然によって生じた可能性は 2%（$p<.02$）となり，実験仮説を

採択できることになる。だが結果が偶然によって起こった可能性も2%あるということを忘れてはいけない。

## ◆――― 相関の検定

順序尺度レベルのデータのときは

・スピアマンの順位相関係数

パラメトリック検定の条件を満たすデータの場合は

・ピアソンの積率相関係数

を用いる。

### スピアマンの順位相関係数

#### どのようなときに用いるか
2種類の得点の**相関**の大きさを測定するための**ノンパラメトリック検定**である。この検定を用いるためには，順序レベルで測定されたデータが必要である。ここでは2種類の得点の間に関連があるかどうかが検証される。

#### 原 理
スピアマンの相関では，それぞれの変数の値に順位がつけられ，各人がそれぞれの条件で得た値の順位を比較する。もし2つの変数間に**正の相関**がある場合には，片方の変数で高い順位をとった参加者はもう一方の変数でも高い順位を得ていることを意味する。もし**負の相関**

がある場合，一方で高い順位にランク付けされた参加者が，もう一方でのランクが低いことを意味する。もし何の関連もない場合（あるいは分布が偶然によるものである場合）には，順位の関係はさまざまであることを意味する。

2つの変数間に相関があるかどうかを調べているときには，まず散布図を描こう。そうすれば，2つの値の関係の性質の目安を得ることができる。もし2つの変数の散布図がU字型をしていたら，これはこの相関係数では表現されない。

### 相関値の計算方法

1. 変数 $a$ の得点を順番に並べる。最小値を順位1とする。
2. 変数 $b$ の得点も順番に並べ，最小値を順位1にする。
3. 対応する変数の順位の差 ($d$) を計算する。
4. ステップ3で計算した各々の順位差を2乗する ($d^2$)。
5. すべての2乗値を合計する ($\Sigma d^2$)。
6. 参加者数を数える ($N$)。
7. 次の公式を用いて相関係数 ($r$) を算出する。

$$r_s = 1 - \frac{6\Sigma d^2}{N(N^2-1)}$$

### 例

学生のアルバイト時間数と期末テストの得点との間に，関連があるかどうかを調査した。

**アルバイト時間数と試験の成績の表**

|  | 1週間に働いた延べ時間 | 順位 | 試験の成績（最大値=100） | 順位 | $d$ | $d^2$ |
|---|---|---|---|---|---|---|
| 参加者1 | 6 | 6 | 60 | 6.5 | 0.5 | 0.25 |
| 参加者2 | 0 | 3 | 64 | 8 | 5.0 | 25.00 |
| 参加者3 | 12 | 9 | 55 | 3.5 | 5.5 | 30.25 |
| 参加者4 | 0 | 3 | 55 | 3.5 | 0.5 | 0.25 |
| 参加者5 | 20 | 10 | 40 | 1.5 | 8.5 | 72.25 |
| 参加者6 | 10 | 8 | 60 | 6.5 | 1.5 | 2.25 |
| 参加者7 | 0 | 3 | 70 | 10 | 7.0 | 49.00 |
| 参加者8 | 0 | 3 | 65 | 9 | 6.0 | 36.00 |
| 参加者9 | 0 | 3 | 40 | 1.5 | 1.5 | 2.25 |
| 参加者10 | 8 | 7 | 58 | 5 | 2.0 | 4.00 |
| 合計 |  |  |  |  |  | 221.50 |

$$r_s = 1 - \frac{6 \times \Sigma\, d^2}{N\,(N^2-1)} = 1 - \frac{6 \times 221.5}{10\,(100-1)} = -0.342$$

### 棄却限界値表から有意水準を見つける（付表6）

一番上の行に片側検定と**両側検定**の有意水準が記載されている。もし片側仮説なら（2つの変数間に**正の相関**または**負の相関**を予測している），片側検定用の有意水準を用いる。もし両側仮説なら（単に2つの変数間に相関があることだけを予測している），両側検定用の有意水準を用いる。

左端の列には「参加者の数」が"$N$"で表されている。当てはまる数値を見つけて，後で見やすいようにその行の下に定規か何か置いておこう。（もし実験の参加者に一致する$N$が付表の中に見当たらなかったら，それに一番近い小さい方の値を選ぶ）。そしてその行を指で横になぞってゆき，相関係数（$r_s$）の値に最も近い値のところに指を置き，その左側の列（全く同じ数値があればその値の列）を最上段ま

セクション12　いろいろな検定法

でなぞる。それが研究で得られた有意水準である。（もし左側に数値がなかったら，相関係数は有意ではない。）

先述の例では，

|   | 有意水準 | | | |
|---|---|---|---|---|
|   | 0.05 | 0.025 | 0.01 | 0.005 （片側） |
| N | 0.10 | 0.05 | 0.02 | 0.01 （両側） |
| 10 | 0.564 | 0.648 | 0.745 | 0.794 |

−0.342 という値の左側に数値がないので，この相関は有意ではない。つまり帰無仮説を保持することになる。

### 同じ順位があった場合

何人かの参加者が同じ値を得たために，同順位が生じると，スピアマンの公式の性質上結果が不当に大きくなるという問題が生じる。シーゲル（Siegel, 1956）は次のように述べている。「もし同順位データの割合がそれほど大きくなければ，結果への影響は無視できるだろう。しかし同順位データの割合が大きいと，結果の信頼性が低くなってしまう。」（詳しい議論は，Siegel, 1956: pp.206-210 参照）。クーリカンは，もし同じ値がある場合には，ピアソンの相関係数を算出すべきであると述べている（Coolican, 1994, p.304）。

## ピアソンの積率相関係数

### どのようなときに用いるか

2つの変数間の**相関**の大きさとその**有意性検定**をするために用いる。パラメトリック検定の要件を満たした**間隔尺度**データか**比例尺度**データである必要がある。

### 原 理

一方の変数の値が高ければ，もう一方の変数の値も高くなるかどうかを検定するようデザインされている。また，変数を測定するスケールの単位が違っていても計算できるように考慮されている。

### 計算方法

1. それぞれの参加者の変数 $a$ の値と変数 $b$ の値を掛け合わせる。
2. ステップ1で求めた値の合計値を算出する。
3. 変数 $a$ の個々の値を2乗し，その2乗した値を合計する。
4. 変数 $b$ の個々の値を2乗し，その2乗した値を合計する。
5. 公式を元に $r$ を計算する。

$$r = \frac{N\Sigma ab - \Sigma a \times \Sigma b}{\sqrt{(N\Sigma a^2 - (\Sigma a)^2)(N\Sigma b^2 - (\Sigma b)^2)}}$$

$N$＝参加者数
$\Sigma ab$＝変数 $a$ ×変数 $b$ の総和
$\Sigma a$, $\Sigma b$＝変数 $a$, 変数 $b$ の総和
$(\Sigma a)^2$＝変数 $a$ の総和の2乗
$(\Sigma b)^2$＝変数 $b$ の総和の2乗
$\Sigma a^2$＝変数 $a$ を2乗して合計した値
$\Sigma b^2$＝変数 $b$ を2乗して合計した値

### 例

子供の算数の成績と国語の成績の相関を見ようとしている。

| 8人の子供の算数の成績と国語の成績 | | | | | |
|---|---|---|---|---|---|
| | 算数の成績 ($a$) | 国語の成績 ($b$) | $a \times b$ | $a^2$ | $b^2$ |
| 参加者 1 | 10 | 8 | 80 | 100 | 64 |
| 参加者 2 | 12 | 10 | 120 | 144 | 100 |
| 参加者 3 | 8 | 8 | 64 | 64 | 64 |
| 参加者 4 | 9 | 11 | 99 | 81 | 121 |
| 参加者 5 | 10 | 7 | 70 | 100 | 49 |
| 参加者 6 | 8 | 11 | 88 | 64 | 121 |
| 参加者 7 | 11 | 12 | 132 | 121 | 144 |
| 参加者 8 | 7 | 7 | 49 | 49 | 49 |
| 合計 | 75 | 74 | 702 | 723 | 712 |

表によると，$N=8$，$\Sigma ab=702$，$\Sigma a=75$，$\Sigma b=74$，$(\Sigma a)^2=5,625$，$(\Sigma b)^2=5,476$，$\Sigma a^2=723$，$\Sigma b^2=712$ となる。

したがって，

$$r = \frac{(8 \times 702) - (75 \times 74)}{(8 \times 723 - 5,625)(8 \times 712 - 5,476)} = \frac{5,616 - 5,550}{159 \times 220}$$
$$= 0.00189$$

### 棄却限界値表から結果を読み取る（付表7）

最上段には両側もしくは片側仮説に対応する有意水準がある。研究仮説にふさわしい有意水準を見る。

一番左の列には「自由度」$df$ が記載されている。この検定では $df=N-2$（ペア数から2を引いた値）となる。この自由度の値に該当する行を見つけ，見失わないようにその行の下に何かを置いておこう。その行の，計算で得られた$r$値に一番近い値をみつける。その左側の

列（まったく同じ値があればその列を）を今度は一番上までなぞってゆく。すると有意水準がわかる。（左側に値がなかったら，検定結果は有意ではない。）

|        | 有意水準 |       |       |      |
|--------|--------|-------|-------|------|
|        | 0.05   | 0.025 | 0.005 | (片側) |
|        | 0.10   | 0.05  | 0.01  | (両側) |
| $df=N-2$ |      |       |       |      |
| 6      | 0.621  | 0.707 | 0.834 |      |

上記の例では，

先ほどの計算結果はどの値よりも小さいので，有意ではない。つまり帰無仮説を保持することになる。算数と国語の点数に見られた相関の値は，偶然によるものと解釈する。

## セクション 13

# 検定結果の解釈

◆検定結果の解釈
◆有意水準
◆タイプⅠエラーとタイプⅡエラー

### ◆──統計的検定の結果の解釈

推測統計を用いる目的は，得られた結果が偶然に起こったものかどうか，その確率を評価することにある。

- 検定を実施すると，データに対するその検定の，**観察値**を得る。たとえば $\chi^2=3.78$，$r=0.456$，$t=1.234$ などの値である。
- この**観察値**を，**棄却限界値表**にある値と比較する。比較の仕方はセクション12で説明した。
- **棄却限界値表**は結果が偶然に起こったものかどうか，その可能性の推定値を提供する。

#### 推定値の表示
棄却限界値表の最上段は，次のようになっている。

|       | 片側検定の有意水準 |       |      |
|-------|----------------------|-------|------|
| 0.10  | 0.05                 | 0.025 | 0.01 |
|       | 両側検定の有意水準   |       |      |
| 0.20  | 0.10                 | 0.05  | 0.02 |

### 何を意味しているのか？

「有意水準」は研究で得た結果が偶然によるものかどうかの可能性を示している。専門用語に置き換えると，

**有意水準はタイプⅠエラーを起こす（つまり，本当は結果が偶然によるものであるのに，対立仮説／実験仮説を採択できると判断してしまう）可能性の高さを示している。**（タイプⅠエラーとタイプⅡエラーの詳細については，本セクションの後半で説明する。）

言い換えると，もし結果の有意水準が棄却限界値表で 0.10 となっていたなら，これは 10パーセントあるいは10回に1回はその結果が偶然に起こる可能性があることを意味している。（0.10 を10パーセントに置き換えるには，ただ小数点を右に2ケタずらせばよい。）有意水準が 0.05を示していたら，結果が偶然におこる可能性が5パーセントあるいは20回に1回あることを意味している。0.02 であれば，2パーセントあるいは50回に1回というふうになる。

#### 練習問題 40
有意水準をパーセンテージと割合に置き換えなさい。

0.01　0.025　0.20　0.001　0.005

ここで強調しておかなくてはならない重要なポイントは，結果が「有意」であり，対立仮説（あるいは実験仮説）を採択するという場合，その結果が実際には偶然に起こる可能性（パーセンテージ）をいつも載せておかなくてはならないということである。たとえば結果の

有意水準が 0.05 であると結論付けるということは，実際にはその結果が偶然に起こる可能性が5パーセントあると述べていることになる。つまり帰無仮説が正しい可能性がまだ5パーセントはあるということなのである！

心理学の研究では，小さいながら実験結果が偶然に起こる可能性がある。そのため，実験結果が100パーセント対立仮説（実験仮説）が予測する独立変数の影響であることはない。通常主張できることは，せいぜい，結果が偶然によるものである可能性が非常に低いので，対立仮説（実験仮説）を採択するという危険をおかすことを辞さない，ということである。

## 有意水準がどれくらいなら対立仮説を採択できるのか

もし得られた結果が偶然である可能性が「十分に低い」なら，対立仮説を採択できる。しかし……，「十分に低い」というのは，どのくらいのことを言うのだろうか。10％水準？　5％水準？　それとも1％水準？

社会科学では，0.05 もしくは5％水準が採択の標準レベルとなった。もし結果がこのレベルに達していたら，対立仮説を採択してもよいことになっている。

### なぜ5％レベルなのだろうか？

これは結論が間違っている可能性があるという，危険性の問題である。すでに説明したように，「5％の有意水準に達したので，帰無仮説は棄却され対立仮説が採択された」と述べることは，実際には，対立仮説は正しかったが，**それが間違っている可能性がまだ5％残っている**，と言っているのである。

社会科学では5％水準に達していれば差や相関が有意であると言うのが一般的になっている。おそらくこれは，解釈が間違っていたとし

ても，それほど重大なことは起こらないと考えられているからである。しかし，1つの有意水準を選択するということは，実際には差がないにもかかわらず，タイプIエラーをおかして，帰無仮説を棄却する可能性を覚悟するということなのである。

　学生が課題授業で，間違って対立仮説を採択したり棄却したとしても，惨事になることはない。だから5％水準というのはかなり妥当な線なのである。しかし，もし政府の一部門で働く研究者が，児童虐待の革新的な解決方法に取り組んでいるとして，新しい尺度が効果的であることが研究から示唆されたとする。その場合，政府に助言する前に，研究結果がもっと厳しい有意水準に到達することを求めるだろう。それは1％，あるいは0.1％かもしれない。

　別の状況では，もう少し緩やかな有意水準を設定するかもしれない。たとえば大規模な研究を実施する価値があるかどうかを確かめるための予備調査を実施したとする。この場合，10％の有意水準を設けておくだけでも十分だろう。つまり集めたデータ間に差，あるいは相関が**あるだろう**ということを示せればよい。引き続き研究をする価値があるということだ。本調査を実施した場合には，より厳しい有意水準を設けることになるだろう。

　有意水準が小さくなると，対立仮説を支持する可能性が大きくなるので，混乱してしまう人もいるだろう。有意水準 0.01 は有意水準 0.05 よりも有意性が高い。次のことを少し考えてみると，明快になるだろう。

- 0.05 という水準は，結果が偶然によるものである可能性が5％（20分の1）あるということを意味している。
- 0.01 という水準は，結果が偶然によるものである可能性が1％（100分の1）あるということを意味している。

したがって研究仮説を採択する場合，その選択が間違っている可能性が，前者では5％，後者では1％あるということになる。

### 練習問題 41
1. 以下の有意水準を，有意水準の低いレベルから順番に並べなさい。
   0.02　　0.01　　0.10　　0.05　　0.002　　0.001
2. 上記の有意水準の中で最も甘い水準はどれか。
3. 上記の有意水準の中で最も厳しい水準はどれか。

◆────タイプⅠエラーとタイプⅡエラー

帰無仮説を保持すべき場合にそれを棄却して対立仮説を採択するとき，**タイプⅠエラー**が生じる。実際には有意でないときに，結果が有意だと結論付けることである。タイプⅠエラーは，次のような理由で起こる。

・実験デザインが悪く，得られた結果が実際には交絡変数の影響を受けている。
・設定されている有意水準が甘すぎる。

対立仮説を採択できるのに帰無仮説を保持し続けるとき（結果は偶然によるという考えを維持する），**タイプⅡエラー**が生じる。つまり実際には有意なのに有意ではないと結論付けることになる。このようなエラーが生じる理由が2つある。

・実験デザインが悪く，得られた結果が実際には交絡変数の影響を

受けている。

・設定されている有意水準が厳しすぎる。

---

タイプⅠエラーが生じると,実際にはそうではないのに差や相関があると結論付けてしまうことになる。設定された有意水準が甘すぎるときこのようなことが生じる。

タイプⅡエラーが生じると,本当は差や相関があるのに,有意ではないと結論付けてしまうことになる。設定された有意水準が厳しすぎるときこのようなことが起こる。

帰無仮説を棄却する前に到達しなければならない有意水準を 0.10（10％）に設定したとする。これは 0.05（5％）水準よりも到達しやすい水準である。つまりより甘い水準ということになる。実際には結果が偶然に起こる可能性が10％もあるのに,対立仮説を採択すると主張すると,タイプⅠエラーを起こす危険性が大きくなる。

有意水準を 0.01（1％）に設定したとする。これは 0.05（5％）よりも到達するのが難しい水準である。つまりより厳しい水準ということになる。結果が偶然である可能性が1％しかないことが統計的に示されるときだけ,対立仮説を採択すると主張することになる。すると,タイプⅡエラーを起こす危険性が大きくなる。

---

## 研究の中のどの時点で,どの程度の有意水準を設定したらよいだろうか

研究を実施する前に,対立仮説を採択するための有意水準を設定しておくことはよい習慣だと見なされている。0.05 あるいは 5％水準が設定されることが一般的である。他の有意水準を設定する場合には,その設定理由を明確にしなくてはならない。

### 5％の有意水準を設定していたのに,統計的検定では,その結果が

### 偶然に起こる可能性が1％しかなかったなら？

　これは議論の多い問題である。研究を実施する前に有意水準を5％に設定したのだから，結果が5％に達したかどうかだけを報告すべきだと純粋主義者は主張する。他の有意水準には言及しないというわけである。現実主義者は，そんなことは愚かだと主張するだろう。「結果が5％水準だけでなく，より厳しい水準である1％水準に到達したということをなぜ報告しないのだ」と。学術雑誌の大部分の論文は純粋主義よりも現実主義で，最も厳しい検定結果の水準を報告している。

　どちらの方針に従ってもよいと言えるだろう。

### 有意水準に達していることをどうやって表現すればよいか

　学術論文には，「$p<0.05$」とか「$p<0.01$」のように表記されている。

　棄却限界値表で，結果が5％水準で有意だったとする。この場合対立仮説を採択し，$p<.05$ と表記することになる。これは「帰無仮説が正しい可能性は5％より小さい」ということを簡潔に表現している。同様に $p<.001$ というのは，「帰無仮説が正しい可能性は0.1％より小さい」ということを表現している。

---

厳密に言うと，「$p$」は「もし帰無仮説が本当だとすると，この結果が得られる可能性は……」ということを表している。これはちょっと長ったらしい表現であるが，$p<.05$ や $p<.001$ がどういう意味かがすぐわかるように，この言葉を暗記してしまおう。

---

セクション13　検定結果の解釈

◆────**まとめ**

- 推測統計を用いる際には，選択した（正しい）検定から計算結果を導き出す。
- 適切な棄却限界値表から計算値と棄却限界値とを比べる。
- これは得られた結果がどれくらいの有意水準に到達しているかを示していることになる。つまり，結果が偶然に起こる可能性を示している。
- もし有意水準が5％あるいはそれ以下だった場合，対立仮説を採択することが一般的である。**しかしこの場合でも実際には帰無仮説が正しい可能性が残っているということを常に認識している必要がある。**結果が偶然に起こったものである可能性が5％しかないので対立仮説を採択すると述べることは，帰無仮説が正しいという可能性がまだ5％あると述べていることになる。

## セクション 14
# 質的データの扱い方

◆質的データの解釈
◆非実験的研究の結果の解釈
　観察研究
　内容分析
　談話分析
　インタビュー
　事例研究

◆────**質的データの解釈**

　もし心理学以外の科学的分野について研究しているなら，質的な研究アプローチというのは少し奇異な感じがするかもしれない。純粋に質的な研究を実施する場合には，インタビュー，日記研究，観察などからデータを集める。しかし，**これらのデータを数値やそれに類するものに置き換えることはしない**。科学的方法の実証的伝統の中で教育を受けた人にとっては，数を数えたり数値化するのはほとんど自動的な作業だが，もちろん，そうするときには量的方法を用いている。

　もし統計が嫌いだったら，質的データの趣旨全般は大変魅力的に感じられるだろう（統計なしの心理学？　すばらしい！）。もしそう考えるなら，気をつけよう。優れた質的研究には，研究しているトピックについての深い理解，そしてそのトピックについてもっている自らの主観的なバイアスについての理解，さらには，質的アプローチが見落としてしまうものについての理解が必要である。質的研究は簡単で

はない。計算が嫌いだからという理由だけで、質的研究を選んではならない。

心理学では、一般的に2つの質的データの使われ方がある。

- 伝統的な量的研究と併用し、研究の成果を発展させたり例証したりするのに質的データを用いることができる。参加者に、この実験が何を研究するものだと思っていたか、そしてそれが、自分の回答に影響を及ぼしたかどうかを尋ねることができるだろう。回答者の行動や言語スタイルを観察することもできる。ミルグラムの有名な服従実験で (Milgram, 1963)、彼は、何人かの従順な参加者が、実験中ずっと実験者を「サー (Sir)」という称号で呼んでいたことには意味があると述べている。
- 質的データそれ自体を価値あるものと見ることも可能である。また純粋に質的な研究が、豊かなデータ、実証的研究では失われている参加者の個人的で主観的な視点についての詳細な情報をもたらすと主張することもできる。

もし質的データを集めても、それには分析など必要ないと思ってはいけない。質的研究を実施するときも、他の研究と同じように、**研究目的**がある。誰かが言ったことをただ単に書きおこし、それを研究結果として提出するだけではダメなのである。実施した研究の目的に即して、データを分析し提示する必要がある。

さまざまな分析手法がある。2つ例をあげよう。

- **カテゴリー化**：返答や観察内容をグループ化することはできるだろうか。何人かの被面接者が同じような意見を述べるだろうか。このことは被面接者の背景や状況と関連があるだろうか。カテゴリーは研究者独自の視点から導き出されることもあれば、参加者自身の言動から浮かび上がってくることもある。

- **粗データから事例を選択する**：ある視点を典型的に表す観察例や引用を選び出すことができるだろうか。

ここで，スミス（Smith, 1995）の例を取り上げよう。これは妊娠と母性の出現についての事例研究を，彼がどのように分析したかを示している。少人数グループの女性を対象に，日記記録，インタビュー，レパートリーグリッド[訳注]を用い，4度の訪問を行って研究を実施した。分析についての彼のコメントを，ここに引用しておこう。

> 質的データを分析するのに唯一の正しい方法などない。そのデータ，そして自分の個人的あるいは理論的な傾向にふさわしい分析方法を見つけなくてはならない。……私はまず，記録内容を読むことから始めた。……一方の余白には [内容に対する] 自分の反応を書きとめ……[そして]もう一方の余白には浮かび上がってきたテーマを記録しながら，材料の中身に精通するまで読んだ。別の紙にそれらの浮かび上がってきたテーマのリストを作り，相互の関連を探った。……それから2番目のインタビューを書き起こしたものについて，同じような方法で余白に注釈を加えた。……3番目，4番目のインタビューについても同じことを繰り返した。私は「時間×カテゴリーのマス目」にそれぞれのテーマをまとめた文を入れてゆくのが有効だということに気づいた。日記から得た材料を……それぞれのマス目に記入してゆく。1つのケースについての概念的な枠組みができ上がると，たえずもとの記録に戻りながら……論文の草稿を書き始めた。
> (Smith 1995, pp.122-5)

この手続きが，それぞれの女性に対して繰り返される。
この例からも，質的研究は研究領域についての詳細な理解が必要で，データの分析にたいへん時間がかかるということがわかるだろう。

---

[訳注] 個人の認知構造を測定するための一手法。心理学だけでなく，マーケティングなどにも広く利用されている。

繰り返しが不可能であるというのが，まさに質的研究の本質である。そのため，信頼性に関する問題があるかもしれない。結果の解釈に同意するかどうかを確認するために，2人以上の評定者，判断者が使われることもある。分析が終わった後，参加者をもう一度訪ね，彼らが言ったことや行ったことに対する研究者の解釈に同意するかどうかを確認する研究者もいる。（次のセクションで，信頼性と妥当性について述べる。）

### 信頼性と妥当性

信頼性と妥当性の問題は，量的研究とまったく同じく，質的研究にもあてはまる。

**信頼性**（reliability）は，次のようにしてチェックできる。

- **トライアンギュレーション（方法論的複眼）**：3つ以上の技法を用いてデータを集めることを意味している。そうすることで，1つの方法で集めたデータを，他の方法で集めたデータと比較することができる。先のスミスの例では，彼はインタビュー法，日記法，レパートリーグリッド法の3つを用いている。
- **繰り返し**：信頼性を確認するもう1つの方法は，同様の研究を繰り返すことである。そうすることで，最初に下した結論を再確認することができる。
- **複数の評定者**：2人以上の評定者・判断者を用いる。そして2つの結果を見比べ，評定者間信頼性をチェックする。

**妥当性**（validity）は，次のようにして確認できる。

- **参加者に意見を聞く**：参加者はあなたの結論に同意するだろうか。

- **例外を考慮する**：導かれた結果に合わない事例も考慮に入れる。集められたデータの透明性を高めておくことが重要である。そして結果の説明にそぐわないデータを隠そうとしてはいけない。こうして、他の人があなたの説明を受け入れるかどうかを検討することができる。
- **用語の定義**：研究を始める前に、これから研究しようとする要因に関して、慎重な定義がなければならない。研究しようとするものがどんなものであろうと、必ず定義しておかなければならない。そうすることで、何を見ようとしているのかが明確になる。「愛着」「攻撃性」「恐怖」の研究をするのに、その用語が何を意味するのかを十分に検討していなかったら、どうなってしまうだろう。（この点については、観察研究の解釈（p.218）ところでさらに詳しく述べる。）

考慮しなくてはならないもう1つの問題は、自分の信念や価値がどの程度結論に影響を与えるかの問題である。自分のどのような態度が研究領域と関連があるのかを十分に考慮し、その態度がどんなものなのかを明確にしておく必要があるだろう。グリフィン（Griffin, 1985）が行ったバーミンガムでの女学生を対象とした研究において、彼女はフェミニストの視点から研究することを明確に述べた。人間に対する客観的な観察者になることは実質的に不可能であるということは、質的アプローチの根本的原理の一つなので、この点についてよく考えることが重要である。よい質的研究を行うためには、まず自分がもっているバイアスを知り、それがデータ分析にどのように影響するのかを理解しておかなければならない。

完全に質的な研究は、ほとんどの初心者の能力を超えているだろう。実際、質的方法を用いた経験がほとんどない研究者も多い。**しかしだからといって、質的データを用いることを検討する必要がないと言っているのではない。**質的データを研究に含める一つの方法は、量的デ

ータを併用することである。研究を実施したら、参加者にこの研究がどんな研究だと考えていたかとか、倫理的な問題に対してどういう態度をもっているかなどについて聞くことができるだろう。質的データをこのように用いることで、実証的研究が充実し、ささやかではあっても、質的データの利用について価値ある経験をもたらしてくれるだろう。

もう一つ、質的研究を体験する有益な方法は、練習問題として小さな質的研究を実施することである。質的研究の長所や難しさを理解する一助になるだろう。

### 練習問題 42
1. 質的データと量的データの違いについて説明しなさい。(この問題はセクション3でも出題した。)
2. 日誌研究から得た質的データを分析するために利用可能な方法を、2つ述べなさい。

## ◆——観察研究の解釈

すでに説明したように、観察研究から集められたデータは、厳密に数値化された量的データから、主観的な質的データまでさまざまである。

### 量的データ

量的データを収集したら、そのとき用いた基準を報告することが重要である。そうすれば、

・設定されたカテゴリーには確かな基盤があることがわかり、

・データを収集する過程を,他の人でも繰り返して行うことができる。

これはつまり,集めたデータをどのようにコード化し,得点化したのかを説明する必要があるということを意味している。

このような方法で集められた量的データは,推測統計を用いた分析に適しているだろう。記述統計,特にグラフを用いた技法は,データを示すためによく用いられる。

### 質的データ

質的データによる研究レポートがなされる場合,行動の具体的な記述の形式をとることが多いだろう。ピアジェが行った模倣の発達研究の例を1つ紹介する。

> 4ヶ月と23日目に,……私はL.に,私の手をゆっくり開いたり閉じたりするところを見せた。彼女は私の真似をしているようだった。私が行動を続けている間,彼女は似たような動きを続け,私がやめると彼女もすぐにやめるか,あるいは何か別の行動をするのだった。……しかしL.のこのような反応は,単に把握[つかむこと]を試みている現れなのだろうか。このことを確かめるために,私は彼女に別のものを見せた。彼女は再び自分の手を開いたり閉じたりし,……すぐにそれを握ろうとしだした。……私が手のひらの開閉を再び始めると,彼女は明らかにそれを真似した。彼女のジェスチャーは,おもちゃを見たときのそれとは全く異なるものだった。
> (Piaget 1951: p.23)

ピアジェの著書には実に多くの詳細な観察の例がある。そうした観察の中から彼は仮説を導き出し,観察以外の方法で仮説を検証していった。質的データは十分に詳細である必要がある。そうすることで私たちが尋ねたい問いに,記述が答えを返すことができるのである。

観察研究で考慮すべき重要な問題は，その**内的妥当性**である。つまり，測定していると思っているものを本当に測定しているかどうか，十分に注意しなければならない。これには，研究の対象となっている変数を注意深く定義することや，研究する行動を注意深く選択することも含まれている。たとえば，もし攻撃性について研究するなら，攻撃的な行動をどのように定義するかを注意深く考えなくてはならない。無生物に対する攻撃も攻撃行動と考えるか。あるいはスポーツの場面で生じるような社会的に容認された攻撃も攻撃行動と考えるか。もし攻撃性の測度が，その定義に用いられた基準を満たしていなかったら，その研究は妥当性を欠くことになる。

研究結果の**信頼性**は，結果を解釈するときに考えておかなくてはならないもう1つの問題である。観察者間信頼性をチェックしているだろうか。研究は再現が可能だろうか。

観察研究から得られた結論について考える場合，これらの問題のすべてが関わってくる。

観察研究は大変魅力的に響く。楽な選択肢とさえ感じられるかもしれない。しかし，それは真実からかけ離れている。観察研究は十分に注意深く計画し，実行する必要がある。そして，上手にできれば，実験室では発見することができないような興味深い価値あるデータを導き出すことができる。データ分析に関しては，そのデータに応じて広範な方法を用いることができる。

---

**練習問題 43**

以下のような尺度レベルで集められた観察研究を，どのように分析するか。
- 名義データ：例　赤ん坊は泣き出したか。　はい・いいえ
- 順序データ：赤ん坊の泣きの程度を以下の尺度で評価する。

　　切迫していた　　5　4　3　2　1　　切迫していなかった

- 間隔データ：赤ん坊が泣き続けていた時間の長さ。
- 質的データ：泣き方の性質，泣いてるときの様子，赤ん坊を抱きかかえたときの反応など。

### 内容分析

内容分析は，量的データを収集することを含んでいることが多い。調べている材料の中にある特定の項目の頻度を数える場合である。前にも説明したが，内容分析は観察技法の変形であり，観察される中身はメディアからのものであったり，スピーチからのものであったり，文書からのものだったりする。グラフや統計的検定を用いて材料が提示されることもよくある。

内容分析は使用するコーディングシステムが重要なので，**内的妥当性**が関連している。コーディングシステムが何にもとづいているのかの定義と，それがどのように操作化されたかをはっきり説明する必要がある。そうすれば，なんらかのバイアスが入り込んでいないかどうかを読者が判断することができる。おそらく研究は追試が可能だろう。そうなれば，結果の信頼性を確認することができる。そして良く練られた内容分析は，こういう条件を満たしている（たとえば，2人以上の判断者が判断を行い，**判定者間信頼性**が確認されている）。結果を解釈するとき，これらの要因がどれだけ満たされているかを十分に考慮しなくてはならない。

### 談話分析

談話分析とは，人々の間で交わされるコミュニケーションを分析することである。実際に話された中身の分析もあるし，コミュニケーションの背後にあるバイアスを明らかにするための分析もある。たとえ

ば,「人種浄化」と「民族虐殺」のどちらの言葉を用いたかなどである。料理番組では早口になるが,人種偏見に関する議論をする番組では言葉を切ったり,言いよどんだりするなど,異なるトピックについて議論をするとき,話し方が変わってくるだろうか。話者間に同様の違いがあるだろうか。話者の異なる視点がどう扱われたか。

談話分析を用いたポッターとウェザロールは,次のように述べている。

> 談話分析の技能の多くが手仕事である。……体系的な手法で表現したり描写したりすることは容易ではない。実際,分析家が訓練を積めば積むほど,分析と呼べるようなはっきりした手続きを識別するのが難しくなる。
> (1987: p.54)

言い換えると,談話分析は繊細な芸術であり,決して簡単なものではない。

## ◆———インタビューの解釈

観察法と同じように,さまざまなインタビュー法があるため(セクション3参照),結果の解釈にもさまざまなやり方がある。どのような方法を用いるにしても,結果は研究の目的と関連していなくてはならない。

- **構造化インタビュー(フォーマルインタビュー)**では,名義レベルあるいは順序レベルの量的データを収集することになるだろう。そのため研究者は,結果の分析に推測統計を用いることになる。
- **非構造化インタビュー**では,質的データを収集することになる。しかし,インタビューの書き起こしを「結果」として提示するだ

けでは十分とは言えない。研究の目的に従って，調査結果を解釈する必要がある。この解釈は細心の注意を必要とする。もとの素材を引用したり言い換えたりする場合，それが偏ったレポートとならないよう，細心の注意を払う必要がある。どんな質的データにもあるように，結果を何らかの方法で**カテゴリー化**することもできる。これは項目をグループ分けすることを伴い，この場合ももちろん，研究者が，語られたことを正確に解釈するよう細心の注意が必要である。研究者の中には，結果の分析をした後，直接インタビューをした人に，分析と意図していたことが合っているかどうか確認をする人もいる。

非構造化インタビューの結果を解釈するときには，そのインタビューが再現できないことから，**信頼性**の問題が生じるだろう。しかしながら，このような不利な点がある一方で，豊かなデータが集められるという利点もある。

## ◆───事例（ケース）研究の解釈

**事例（ケース）研究**はすべて唯一無二のものであるため，どのように解釈すべきかについて一般化することは大変難しい。事例研究はインタビューや調査を含んでいることが多いので，これらについて本セクションで説明したことすべてが当てはまる。また，たとえば自己報告のような質的データが含まれることもよくある。つまり，事例研究の解釈は大変複雑でありうる。

考慮しなくてはならない別の要因として，報告者が**客観**的になろうとしているかどうかということがある。これもまた難しい問題である。他者を研究するとき，客観的でいることが**可能**だろうか。それとも研究者自身の**主観**的なバイアスが，必然的に結果報告に影響を及ぼして

しまわないだろうか。(このセクションの最初に述べた、質的研究の解釈をもう一度参照してみよう。)

事例研究を解釈することは、多くの場合非常に複雑である。以下のような違いをはっきりさせて、結果を提示することが重要である。

- 実際に起こったこと／語られたこと
- 参加者による解釈と推論
- 研究者による解釈と推論

**客観的**な提示と**主観的**な提示の違いをはっきりさせておく必要がある。そうすることで、読者は結果に同意するかどうかを自分自身で決めることができる。このセクションで紹介したピアジェの記述（p.219）をもう一度読んでみると、ピアジェの娘が実際に行ったことと、ピアジェが彼女の行動について解釈したこととを分離することができることがわかるだろう。2つの事例研究が同じになることは決してないから、繰り返しが不可能であり、結果を解釈するときには、**信頼性**（結果の一貫性）の問題がつきまとう。

◆──── まとめ

非実験的な方法を用いて得られたデータをどのように解釈するかについては、厳重なルールがないことがわかったと思う。データの解釈はすべて、研究の目的や、研究の性質、集められたデータの性質によって異なる。含まれる問題のいくつかについては指摘したつもりである。しかしより多くの情報が必要であれば、関連する方法についての専門書を参考にするべきだろう。

## セクション 15

# 研究レポートの書き方

◆研究レポートの書き方についての簡単なアドバイス

## ◆――― レポートを書く

　研究レポートを書き始める前に，可能だったら以前のレポートが見られるかどうか，先生に尋ねてみよう。もし見られれば，どのようにレポートが書かれているか，参考にすることができる。もし不可能だったら，教科書で研究レポートの書き方の例を見つけるとよいだろう。レポートは概ね，次のようなセクションに分かれる。

・要旨，概要
・序（序論，問題）
・目的／仮説
・方法
・結果
・結果の処理
・考察
・結論

・参考文献
・付録

**タイトル**

　短いけれどもたくさんの情報を伝えるものを考えよう。「体型の知覚」では情報が少々不足しすぎている。「体型知覚における性差」のほうがよいだろう。

**要　約**

　何をしたのか，何を発見したのか，そして結論は何かをここで要約する。長くなりすぎないよう気をつけよう。長さは400〜600文字程度で十分である。研究の分野，**目的**と**仮説**，研究の**方法**とデザイン，**参加者**，発見された**結果**，引き出された**結論**について（簡潔に）述べる。**要約は最後に書こう。**

**序（序論，問題）**

　**関連する**背景情報や先行研究について論じ，なぜこの研究を実施したのかについての説明へと導き，そして最後に，研究の正確な**目的**と（それが適切であれば）**仮説**を説明する。研究しようとする内容に関連のある事柄のみ，含めるようにしよう。クーリカン（Coolican, 1994）は，序文は一種の漏斗として見ることができると述べている。

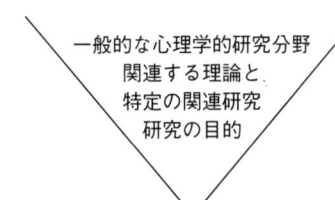

　　　一般的な心理学的研究分野
　　　　関連する理論と
　　　　特定の関連研究
　　　　　研究の目的

・適応できる背景となる理論・研究の説明。
・研究アイディアがどのように発展してきたのかの概略。
・正確な目的の説明。
・仮説をどのように構築したのかの説明（どうして片側・両側仮説を採ったのかの説明も含める）。
・最後に，研究／実験仮説および帰無仮説について述べる。

## 方　法

　研究の中で**何が行われたのかを正確に記述する**。研究者ではない一般の人でも研究を再現できるよう，十分に明瞭で，詳細であるべきである。
　方法のセクションは，さらに4つの下位セクションに分かれる。

### 研究デザイン
・どのような研究法を用いたのか。なぜその方法を用いたのか。
・どのような研究デザインを用いたのか。なぜそのデザインを選んだのか。
・独立変数と従属変数は何か（適切に提示することができるのであれば）。
・どのような条件が用いられたか。
・何か倫理的な問題があるか。

### 参加者
・何人の参加者を募ったか。必要であれば年齢と性別も報告する。
・どのようなサンプリング方法を用いたか。
・どのように参加者を実験条件に割り振ったのか。
・実験・調査の実施者は誰だったのか。

### 実験材料

- 用いられた実験機材を報告する
- 用いられた実験材料（単語リスト，質問紙尺度など）の出所を説明する。用いた材料の例を付録に載せる（全部でなくてもよい）。
- 得点化の方法について説明する。

### 手続き・手順

- 誰でもその研究をもう一度再現できるように，何をしたかを説明する。ここには標準化された教示や手続きの詳細を含めておく。

## 結　果

優れたレポートは，表形式で結果の要約を提示し，さらにそれを図で表現して，素データは付録に収める。また結果を通して読者に語りかけ，各要素が何を示しているのかを説明する。すべての表とグラフにわかりやすいタイトルをつける。質的データの場合も，結果の中に要約的なものを含めておく。単に文字に書き起こしたものすべてを，何の編集もせずに載せてはいけない。

### 結果の処理

このセクションでは，どのような分析の手段を，なぜ用いたのかを述べる。もし統計的な検定を用いたのならば，なぜその検定を用いたのかを説明しなくてはならない。検定の計算値，棄却限界値，得られた有意性のレベルを記述して，このセクションを締めくくる。付録に計算の過程を付ける。

## 考　察

以下のような一連の下位セクションで考えると簡単だろう。

- 結果が実際に示していることは何か。どの仮説を採択したか。それはなぜか（どんな記述統計も無視してはいけない。このセクションかその結果が示されるところの次で所見を記しておこう。）
- 序の部分に書いた先行研究と自分の行った実験あるいは調査結果がどのように合致するかを説明する（ここで新しい研究材料を紹介する必要はない）。
- 研究の限界は何だろうか。研究デザインに欠陥がなかっただろうか。再び同じことをするとしたら，どのような改善点が見込まれるだろうか（単に「もっとたくさんの参加者をテストすべきであった」などと書かないようにしよう）。
- 結果が意味することは何か。
- どのような追試研究を提案できるか。

## 結　論

研究結果を1～2文で要約する。

## 参考文献

次のような文献を含める。

- レポートで引用した人名のすべて
- 用いたコンピュータのソフトウエア名
- レポートに引用した書籍や雑誌

参考資料はアルファベット順に記載する。詳しい表記方法については，教科書や学術書の参考文献の部分を参照しよう。**参考文献はレポートを全部仕上げてから作成するよりも，書いているときにメモをとるなど，整理しながら仕上げるとよい。**

### 付　録

　すべての資料を論理的な順番で記載する。すべての付録資料に表題がついているかどうか確認する。付録は見逃しやすいから気をつけること。

# 訳者あとがき

　非常勤の仕事をしていた頃も含めると、大学で教鞭をとって10年以上になる。この間、心理学の研究法に関する授業も担当してきた。まだ十分な経験を積んだわけではないが、心理学の研究法を大学生に伝える授業を通して、常に感じてきたことがある。それは、心理学研究法のテキストは数多くあれど、電車の中でも気軽に読めるほど平易に書かれたテキストがきわめて少ないということである。1年半ほど前、自から執筆することも含め、何か良いアイディアはないだろうかと考えていた折に出会ったのが、本書の原書となる Ann Searle さんの *Introducing Research and Data in Psychology* である。

　原書はイギリスのAレベル向けに書かれた心理学研究法のテキストである。実は本書を手にしたとき、「Aレベル」が何を意味しているのかよくわかっていなかった。幸い身近にイギリス人の知人がいたので尋ねてみると、Aレベルというのは、大学入学前の学習課程で、日本で言えば「高校生」の高学年とほぼ同義になる。つまり本書はイギリスの高校生向けに作成されたテキストなのである。とはいえ、ここで触れられている内容は、他の心理学研究法のテキストと見劣りはしない。たとえば「生態学的妥当性」「要求特性」「準実験」など、気を抜いていると学部で十分に学習する機会を逸しやすい、けれども心理学研究法の中ではきわめて重要な考え方・用語が、他の基礎的な用語と同じくきちんと書かれている。本書は、まさに私自身が授業で活用したいテキストの見本のような本だったこともあり、翻訳を決意した。

ただし，翻訳に不慣れな私にとって，単独での翻訳作業には一抹の不安があった。そこで，私の勤務する大学で懇意にしている渡邊真由美さんに翻訳作業の協力をお願いした。渡邊さんの英語力を必要としていたことは言うまでもない。しかしそれと同時に，心理学に不案内な人（ちなみに渡邊さんの専門は英語教育であり，心理学ではない）が本書を読んだとき，内容が十分に理解できるものとなっているかどうかの判断も彼女にお願いした。

　専門用語の訳出については，心理学を専門とする私がすべて責任を負った。しかしながら日本とイギリスでは用語の用い方・解釈などに若干の差異があり，研究者レベルの読者にとっては少々戸惑うところもあるかも知れない。それでも「平易さと内容のバランス」という点で，本書は心理学ビギナーにとって十分役に立つ本である。本書によって読者の統計アレルギーやレポートアレルギーが少しでも和らぎ，心理学研究法の面白さが伝われば幸いである。

　最後になるが，本書を翻訳するきっかけをくださった東洋英和女学院大学の岡本浩一先生，そして本書出版に際して，多大なお力添えをいただいた新曜社の塩浦暲さんに心より御礼申し上げる。

2005年4月<br>
宮本聡介

## 付録

## 各種検定の棄却限界値表

---

付表1　$\chi^2$の棄却限界値
付表2　二項サイン検定の棄却限界値
付表3　各確率レベルにおける,$U$の棄却限界値(マン・ホイットニー)
付表4　各確率レベルにおける,$W$の棄却限界値(ウィルコクスン)
付表5　各確率レベルにおける,$t$の棄却限界値($t$検定)
付表6　スピアマンの$r_s$の棄却限界値
付表7　ピアソンの$r$の棄却限界値

---

### 付表1　$X^2$の棄却限界値

| | 片側検定の有意水準 | | | | | |
|---|---|---|---|---|---|---|
| | 0.10 | 0.05 | 0.025 | 0.01 | 0.005 | 0.0005 |
| | 両側検定の有意水準 | | | | | |
| df | 0.20 | 0.10 | 0.05 | 0.02 | 0.01 | 0.001 |
| 1 | 1.64 | 2.71 | 3.84 | 5.41 | 6.64 | 10.83 |
| 2 | 3.22 | 4.60 | 5.99 | 7.82 | 9.21 | 13.82 |
| 3 | 4.64 | 6.25 | 7.82 | 9.84 | 11.34 | 16.27 |
| 4 | 5.99 | 7.78 | 9.49 | 11.67 | 13.28 | 18.46 |
| 5 | 7.29 | 9.24 | 11.07 | 13.39 | 15.09 | 20.52 |
| 6 | 8.56 | 10.64 | 12.59 | 15.03 | 16.81 | 22.46 |
| 7 | 9.80 | 12.02 | 14.07 | 16.62 | 18.48 | 24.32 |
| 8 | 11.03 | 13.36 | 15.51 | 18.17 | 20.09 | 26.12 |
| 9 | 12.24 | 14.68 | 16.92 | 19.68 | 21.67 | 27.88 |
| 10 | 13.44 | 15.99 | 18.31 | 26.16 | 23.21 | 29.59 |
| 11 | 14.63 | 17.28 | 19.68 | 22.62 | 24.72 | 31.26 |
| 12 | 15.81 | 18.55 | 21.03 | 24.05 | 26.22 | 32.91 |
| 13 | 16.98 | 19.81 | 22.36 | 25.47 | 27.69 | 34.53 |
| 14 | 18.15 | 21.06 | 23.68 | 26.87 | 29.14 | 36.12 |
| 15 | 19.31 | 22.31 | 25.00 | 28.26 | 30.58 | 37.70 |
| 16 | 20.46 | 23.54 | 26.30 | 29.63 | 32.00 | 39.29 |
| 17 | 21.62 | 24.77 | 27.59 | 31.00 | 33.41 | 40.75 |
| 18 | 22.76 | 25.99 | 28.87 | 32.35 | 34.80 | 42.31 |
| 19 | 23.90 | 27.20 | 30.14 | 33.69 | 36.19 | 43.82 |
| 20 | 25.04 | 28.41 | 31.41 | 35.02 | 35.57 | 45.32 |
| 21 | 26.17 | 29.62 | 32.67 | 36.34 | 38.93 | 46.80 |
| 22 | 27.30 | 30.81 | 33.92 | 37.66 | 40.29 | 48.27 |
| 23 | 28.43 | 32.01 | 35.17 | 38.97 | 41.64 | 49.73 |
| 24 | 29.55 | 33.20 | 36.42 | 40.27 | 42.98 | 51.18 |
| 25 | 30.68 | 34.38 | 37.65 | 41.57 | 44.31 | 52.62 |

|      | 片側検定の有意水準 | | | | | |
|------|------|------|------|------|------|------|
|      | 0.10 | 0.05 | 0.025 | 0.01 | 0.005 | 0.0005 |
|      | 両側検定の有意水準 | | | | | |
| df   | 0.20 | 0.10 | 0.05 | 0.02 | 0.01 | 0.001 |
| 26 | 31.80 | 35.56 | 38.88 | 42.86 | 45.64 | 54.05 |
| 27 | 32.91 | 36.74 | 40.11 | 44.14 | 46.96 | 55.48 |
| 28 | 34.03 | 37.92 | 41.34 | 45.42 | 48.28 | 56.89 |
| 29 | 35.14 | 39.09 | 42.69 | 59.69 | 49.59 | 58.30 |
| 30 | 36.25 | 40.26 | 43.77 | 47.96 | 50.89 | 59.70 |
| 32 | 38.47 | 42.59 | 46.29 | 50.49 | 53.49 | 62.49 |
| 34 | 40.68 | 44.90 | 48.60 | 53.00 | 56.06 | 65.25 |
| 36 | 42.88 | 47.21 | 51.00 | 55.49 | 58.62 | 67.99 |
| 38 | 45.08 | 49.51 | 53.38 | 57.97 | 61.16 | 70.70 |
| 40 | 47.27 | 51.81 | 55.76 | 60.44 | 63.69 | 73.40 |
| 44 | 51.64 | 56.37 | 60.48 | 65.34 | 68.71 | 78.75 |
| 48 | 55.99 | 60.91 | 65.17 | 70.20 | 73.68 | 84.04 |
| 52 | 60.33 | 65.42 | 69.83 | 75.02 | 78.62 | 89.27 |
| 56 | 64.66 | 69.92 | 74.47 | 79.82 | 83.51 | 94.46 |
| 60 | 68.97 | 74.40 | 79.08 | 84.58 | 88.38 | 99.61 |

出典：Fisher and Yates (1974) より抜粋。

注：$X^2$の計算値は，当該レベルの有意水準の値に等しいか，それより大きくなければならない。

**付表2　サイン検定の棄却限界値**

| | 片側検定の有意水準 | | | | |
|---|---|---|---|---|---|
| | 0.05 | 0.025 | 0.01 | 0.005 | 0.0005 |
| | 両側検定の有意水準 | | | | |
| N | 0.10 | 0.05 | 0.02 | 0.01 | 0.001 |
| 5 | 0 | - | - | - | - |
| 6 | 0 | 0 | - | - | - |
| 7 | 0 | 0 | 0 | - | - |
| 8 | 1 | 0 | 0 | 0 | - |
| 9 | 1 | 1 | 0 | 0 | - |
| 10 | 1 | 1 | 0 | 0 | - |
| 11 | 2 | 1 | 1 | 0 | 0 |
| 12 | 2 | 2 | 1 | 1 | 0 |
| 13 | 3 | 2 | 1 | 1 | 0 |
| 14 | 3 | 2 | 2 | 1 | 0 |
| 15 | 3 | 3 | 2 | 2 | 1 |
| 16 | 4 | 3 | 2 | 2 | 1 |
| 17 | 4 | 4 | 3 | 2 | 1 |
| 18 | 5 | 4 | 3 | 3 | 1 |
| 19 | 5 | 4 | 4 | 3 | 2 |
| 20 | 5 | 5 | 4 | 3 | 2 |
| 25 | 7 | 7 | 6 | 5 | 4 |
| 30 | 10 | 9 | 8 | 7 | 5 |
| 35 | 12 | 11 | 10 | 9 | 7 |

出典：Clegg (1982). 著者および出版社の許可を得て掲載。

注：$S$ の計算値は，当該レベルの有意水準の値に等しいか，それより小さくなけらばならない。

### 付表3　各確率レベルにおける，$U$ の棄却限界値（マン-ホイットニー）

付表3a　有意水準0.005（片側検定），0.01（両側検定）における，$U$ の棄却限界値*

| $n_2$ \ $n_1$ | 1 | 2 | 3 | 4 | 5 | 6 | 7 | 8 | 9 | 10 | 11 | 12 | 13 | 14 | 15 | 16 | 17 | 18 | 19 | 20 |
|---|---|---|---|---|---|---|---|---|---|---|---|---|---|---|---|---|---|---|---|---|
| 1 | - | - | - | - | - | - | - | - | - | - | - | - | - | - | - | - | - | - | - | - |
| 2 | - | - | - | - | - | - | - | - | - | - | - | - | - | - | - | - | - | - | 0 | 0 |
| 3 | - | - | - | - | - | - | - | - | 0 | 0 | 0 | 1 | 1 | 1 | 2 | 2 | 2 | 2 | 3 | 3 |
| 4 | - | - | - | - | - | 0 | 0 | 1 | 1 | 2 | 2 | 3 | 3 | 4 | 5 | 5 | 6 | 6 | 7 | 8 |
| 5 | - | - | - | 0 | 1 | 1 | 2 | 3 | 4 | 5 | 6 | 7 | 7 | 8 | 9 | 10 | 11 | 12 | 13 |
| 6 | - | - | - | 0 | 1 | 2 | 3 | 4 | 5 | 6 | 7 | 9 | 10 | 11 | 12 | 13 | 15 | 16 | 17 | 18 |
| 7 | - | - | - | 0 | 1 | 3 | 4 | 6 | 7 | 9 | 10 | 12 | 13 | 15 | 16 | 18 | 19 | 21 | 22 | 24 |
| 8 | - | - | - | 1 | 2 | 4 | 6 | 7 | 9 | 11 | 13 | 15 | 17 | 18 | 20 | 22 | 24 | 26 | 28 | 30 |
| 9 | - | - | 0 | 1 | 3 | 5 | 7 | 9 | 11 | 13 | 16 | 18 | 20 | 22 | 24 | 27 | 29 | 31 | 33 | 36 |
| 10 | - | - | 0 | 2 | 4 | 6 | 9 | 11 | 13 | 16 | 18 | 21 | 24 | 26 | 29 | 31 | 34 | 37 | 39 | 42 |
| 11 | - | - | 0 | 2 | 5 | 7 | 10 | 13 | 16 | 18 | 21 | 24 | 27 | 30 | 33 | 36 | 39 | 42 | 45 | 48 |
| 12 | - | - | 1 | 3 | 6 | 9 | 12 | 15 | 18 | 21 | 24 | 27 | 31 | 34 | 37 | 41 | 44 | 47 | 51 | 54 |
| 13 | - | - | 1 | 3 | 7 | 10 | 13 | 17 | 20 | 24 | 27 | 31 | 34 | 38 | 42 | 45 | 49 | 53 | 56 | 60 |
| 14 | - | - | 1 | 4 | 7 | 11 | 15 | 18 | 22 | 26 | 30 | 34 | 38 | 42 | 46 | 50 | 54 | 58 | 63 | 67 |
| 15 | - | - | 2 | 5 | 8 | 12 | 16 | 20 | 24 | 29 | 33 | 37 | 42 | 46 | 51 | 55 | 60 | 64 | 69 | 73 |
| 16 | - | - | 2 | 5 | 9 | 13 | 18 | 22 | 27 | 31 | 36 | 41 | 45 | 50 | 55 | 60 | 65 | 70 | 74 | 79 |
| 17 | - | - | 2 | 6 | 10 | 15 | 19 | 24 | 29 | 34 | 39 | 44 | 49 | 54 | 60 | 65 | 70 | 75 | 81 | 86 |
| 18 | - | - | 2 | 6 | 11 | 16 | 21 | 26 | 31 | 37 | 42 | 47 | 53 | 58 | 64 | 70 | 75 | 81 | 87 | 92 |
| 19 | - | 0 | 3 | 7 | 12 | 17 | 22 | 28 | 33 | 39 | 45 | 51 | 56 | 63 | 69 | 74 | 81 | 87 | 93 | 99 |
| 20 | - | 0 | 3 | 8 | 13 | 18 | 24 | 30 | 36 | 42 | 48 | 54 | 60 | 67 | 73 | 79 | 86 | 92 | 99 | 105 |

\* 表中の - は，本表の有意水準では何も確定的なことが言えないことを示す。

注：$n_1$, $n_2$ に対する $U$ の計算値は，当該レベルの有意水準の表に示された棄却限界値に等しいか，それより小さい場合にのみ，有意である。

**付表3b　有意水準0.01（片側検定），0.02（両側検定）における，Uの棄却限界値***

| $n_2$ \ $n_1$ | 1 | 2 | 3 | 4 | 5 | 6 | 7 | 8 | 9 | 10 | 11 | 12 | 13 | 14 | 15 | 16 | 17 | 18 | 19 | 20 |
|---|---|---|---|---|---|---|---|---|---|---|---|---|---|---|---|---|---|---|---|---|
| 1  | - | - | - | - | - | - | - | - | - | - | - | - | - | - | - | - | - | - | - | - |
| 2  | - | - | - | - | - | - | - | - | - | - | - | - | - | 0 | 0 | 0 | 0 | 0 | 0 | 0 |
| 3  | - | - | - | - | - | - | 0 | 0 | 1 | 1 | 1 | 2 | 2 | 2 | 3 | 3 | 4 | 4 | 4 | 5 |
| 4  | - | - | - | - | 0 | 1 | 1 | 2 | 3 | 3 | 4 | 5 | 5 | 6 | 7 | 7 | 8 | 9 | 9 | 10 |
| 5  | - | - | - | 0 | 1 | 2 | 3 | 4 | 5 | 6 | 7 | 8 | 9 | 10 | 11 | 12 | 13 | 14 | 15 | 16 |
| 6  | - | - | - | 1 | 2 | 3 | 4 | 6 | 7 | 8 | 9 | 11 | 12 | 13 | 15 | 16 | 18 | 19 | 20 | 22 |
| 7  | - | - | 0 | 1 | 3 | 4 | 6 | 7 | 9 | 11 | 12 | 14 | 16 | 17 | 19 | 21 | 23 | 24 | 26 | 28 |
| 8  | - | - | 0 | 2 | 4 | 6 | 7 | 9 | 11 | 13 | 15 | 17 | 20 | 22 | 24 | 26 | 28 | 30 | 32 | 34 |
| 9  | - | - | 1 | 3 | 5 | 7 | 9 | 11 | 14 | 16 | 18 | 21 | 23 | 26 | 28 | 31 | 33 | 36 | 38 | 40 |
| 10 | - | - | 1 | 3 | 6 | 8 | 11 | 13 | 16 | 19 | 22 | 24 | 27 | 30 | 33 | 36 | 38 | 41 | 44 | 47 |
| 11 | - | - | 1 | 4 | 7 | 9 | 12 | 15 | 18 | 22 | 25 | 28 | 31 | 34 | 37 | 41 | 44 | 47 | 50 | 53 |
| 12 | - | - | 2 | 5 | 8 | 11 | 14 | 17 | 21 | 24 | 28 | 31 | 35 | 38 | 42 | 46 | 49 | 53 | 56 | 60 |
| 13 | - | 0 | 2 | 5 | 9 | 12 | 16 | 20 | 23 | 27 | 31 | 35 | 39 | 43 | 47 | 51 | 55 | 59 | 63 | 67 |
| 14 | - | 0 | 2 | 6 | 10 | 13 | 17 | 22 | 26 | 30 | 34 | 38 | 43 | 47 | 51 | 56 | 60 | 65 | 69 | 73 |
| 15 | - | 0 | 3 | 7 | 11 | 15 | 19 | 24 | 28 | 33 | 37 | 42 | 47 | 51 | 56 | 61 | 66 | 70 | 75 | 80 |
| 16 | - | 0 | 3 | 7 | 12 | 16 | 21 | 26 | 31 | 36 | 41 | 46 | 51 | 56 | 61 | 66 | 71 | 76 | 82 | 87 |
| 17 | - | 0 | 4 | 8 | 13 | 18 | 23 | 28 | 33 | 38 | 44 | 49 | 55 | 60 | 66 | 71 | 77 | 82 | 88 | 93 |
| 18 | - | 0 | 4 | 9 | 14 | 19 | 24 | 30 | 36 | 41 | 47 | 53 | 59 | 65 | 70 | 76 | 82 | 88 | 94 | 100 |
| 19 | - | 1 | 4 | 9 | 15 | 20 | 26 | 32 | 38 | 44 | 50 | 56 | 63 | 69 | 75 | 82 | 88 | 94 | 101 | 107 |
| 20 | - | 1 | 5 | 10 | 16 | 22 | 28 | 34 | 40 | 47 | 53 | 60 | 67 | 73 | 80 | 87 | 93 | 100 | 107 | 114 |

＊　表中の - は，本表の有意水準では何も確定的なことが言えないことを示す。

**付表3c　有意水準0.025（片側検定），0.05（両側検定）における，$U$の棄却限界値***

| $n_2$ \ $n_1$ | 1 | 2 | 3 | 4 | 5 | 6 | 7 | 8 | 9 | 10 | 11 | 12 | 13 | 14 | 15 | 16 | 17 | 18 | 19 | 20 |
|---|---|---|---|---|---|---|---|---|---|---|---|---|---|---|---|---|---|---|---|---|
| 1 | - | - | - | - | - | - | - | - | - | - | - | - | - | - | - | - | - | - | - | - |
| 2 | - | - | - | - | - | - | - | - | 0 | 0 | 0 | 0 | 1 | 1 | 1 | 1 | 1 | 2 | 2 | 2 |
| 3 | - | - | - | - | 0 | 1 | 1 | 2 | 2 | 3 | 3 | 4 | 4 | 5 | 5 | 6 | 6 | 7 | 7 | 8 |
| 4 | - | - | - | 0 | 1 | 2 | 3 | 4 | 4 | 5 | 6 | 7 | 8 | 9 | 10 | 11 | 11 | 12 | 13 | 13 |
| 5 | - | - | 0 | 1 | 2 | 3 | 5 | 6 | 7 | 8 | 9 | 11 | 12 | 13 | 14 | 15 | 17 | 18 | 19 | 20 |
| 6 | - | - | 1 | 2 | 3 | 5 | 6 | 8 | 10 | 11 | 13 | 14 | 16 | 17 | 19 | 21 | 22 | 24 | 25 | 27 |
| 7 | - | - | 1 | 3 | 5 | 6 | 8 | 10 | 12 | 14 | 16 | 18 | 20 | 22 | 24 | 26 | 28 | 30 | 32 | 34 |
| 8 | - | 0 | 2 | 4 | 6 | 8 | 10 | 13 | 15 | 17 | 19 | 22 | 24 | 26 | 29 | 31 | 34 | 36 | 38 | 41 |
| 9 | - | 0 | 2 | 4 | 7 | 10 | 12 | 15 | 17 | 20 | 23 | 26 | 28 | 31 | 34 | 37 | 39 | 42 | 45 | 48 |
| 10 | - | 0 | 3 | 5 | 8 | 11 | 14 | 17 | 20 | 23 | 26 | 29 | 33 | 36 | 39 | 42 | 45 | 48 | 52 | 55 |
| 11 | - | 0 | 3 | 6 | 9 | 13 | 16 | 19 | 23 | 26 | 30 | 33 | 37 | 40 | 44 | 47 | 51 | 55 | 58 | 62 |
| 12 | - | 1 | 4 | 7 | 11 | 14 | 18 | 22 | 26 | 29 | 33 | 37 | 41 | 45 | 49 | 53 | 57 | 61 | 65 | 69 |
| 13 | - | 1 | 4 | 8 | 12 | 16 | 20 | 24 | 28 | 33 | 37 | 41 | 45 | 50 | 54 | 59 | 63 | 67 | 72 | 76 |
| 14 | - | 1 | 5 | 9 | 13 | 17 | 22 | 26 | 31 | 36 | 40 | 45 | 50 | 55 | 59 | 64 | 67 | 74 | 78 | 83 |
| 15 | - | 1 | 5 | 10 | 14 | 19 | 24 | 29 | 34 | 39 | 44 | 49 | 54 | 59 | 64 | 70 | 75 | 80 | 85 | 90 |
| 16 | - | 1 | 6 | 11 | 15 | 21 | 26 | 31 | 37 | 42 | 47 | 53 | 59 | 64 | 70 | 75 | 81 | 86 | 92 | 98 |
| 17 | - | 2 | 6 | 11 | 17 | 22 | 28 | 34 | 39 | 45 | 51 | 57 | 63 | 67 | 75 | 81 | 87 | 93 | 99 | 105 |
| 18 | - | 2 | 7 | 12 | 18 | 24 | 30 | 36 | 42 | 48 | 55 | 61 | 67 | 74 | 80 | 86 | 93 | 99 | 106 | 112 |
| 19 | - | 2 | 7 | 13 | 19 | 25 | 32 | 38 | 45 | 52 | 58 | 65 | 72 | 78 | 85 | 92 | 99 | 106 | 113 | 119 |
| 20 | - | 2 | 8 | 13 | 20 | 27 | 34 | 41 | 48 | 55 | 62 | 69 | 76 | 83 | 90 | 98 | 105 | 112 | 119 | 127 |

＊　表中の - は，本表の有意水準では何も確定的なことが言えないことを示す。

**付表3d 有意水準0.05（片側検定），0.10（両側検定）における，$U$の棄却限界値***

| $n_2$ \ $n_1$ | 1 | 2 | 3 | 4 | 5 | 6 | 7 | 8 | 9 | 10 | 11 | 12 | 13 | 14 | 15 | 16 | 17 | 18 | 19 | 20 |
|---|---|---|---|---|---|---|---|---|---|---|---|---|---|---|---|---|---|---|---|---|
| 1 | - | - | - | - | - | - | - | - | - | - | - | - | - | - | - | - | - | - | - | - |
| 2 | - | - | - | - | 0 | 0 | 0 | 1 | 1 | 1 | 1 | 2 | 2 | 2 | 3 | 3 | 3 | 4 | 4 | 4 |
| 3 | - | - | 0 | 0 | 1 | 2 | 2 | 3 | 3 | 4 | 5 | 5 | 6 | 7 | 7 | 8 | 9 | 9 | 10 | 11 |
| 4 | - | - | 0 | 1 | 2 | 3 | 4 | 5 | 6 | 7 | 8 | 9 | 10 | 11 | 12 | 14 | 15 | 16 | 17 | 18 |
| 5 | - | 0 | 1 | 2 | 4 | 5 | 6 | 8 | 9 | 11 | 12 | 13 | 15 | 16 | 18 | 19 | 20 | 22 | 23 | 25 |
| 6 | - | 0 | 2 | 3 | 5 | 7 | 8 | 10 | 12 | 14 | 16 | 17 | 19 | 21 | 23 | 25 | 26 | 28 | 30 | 32 |
| 7 | - | 0 | 2 | 4 | 6 | 8 | 11 | 13 | 15 | 17 | 19 | 21 | 24 | 26 | 28 | 30 | 33 | 35 | 37 | 39 |
| 8 | - | 1 | 3 | 5 | 8 | 10 | 13 | 15 | 18 | 20 | 23 | 26 | 28 | 31 | 33 | 36 | 39 | 41 | 44 | 47 |
| 9 | - | 1 | 3 | 6 | 9 | 12 | 15 | 18 | 21 | 24 | 27 | 30 | 33 | 36 | 39 | 42 | 45 | 48 | 51 | 54 |
| 10 | - | 1 | 4 | 7 | 11 | 14 | 17 | 20 | 24 | 27 | 31 | 34 | 37 | 41 | 44 | 48 | 51 | 55 | 58 | 62 |
| 11 | - | 1 | 5 | 8 | 12 | 16 | 19 | 23 | 27 | 31 | 34 | 38 | 42 | 46 | 50 | 54 | 57 | 61 | 65 | 69 |
| 12 | - | 2 | 5 | 9 | 13 | 17 | 21 | 26 | 30 | 34 | 38 | 42 | 47 | 51 | 55 | 60 | 64 | 68 | 72 | 77 |
| 13 | - | 2 | 6 | 10 | 15 | 19 | 24 | 28 | 33 | 37 | 42 | 47 | 51 | 56 | 61 | 65 | 70 | 75 | 80 | 84 |
| 14 | - | 2 | 7 | 11 | 16 | 21 | 26 | 31 | 36 | 41 | 46 | 51 | 56 | 61 | 66 | 71 | 77 | 82 | 87 | 92 |
| 15 | - | 3 | 7 | 12 | 18 | 23 | 28 | 33 | 39 | 44 | 50 | 55 | 61 | 66 | 72 | 77 | 83 | 88 | 94 | 100 |
| 16 | - | 3 | 8 | 14 | 19 | 25 | 30 | 36 | 42 | 48 | 54 | 60 | 65 | 71 | 77 | 83 | 89 | 95 | 101 | 107 |
| 17 | - | 3 | 9 | 15 | 20 | 26 | 33 | 39 | 45 | 51 | 57 | 64 | 70 | 77 | 83 | 89 | 96 | 102 | 109 | 115 |
| 18 | - | 4 | 9 | 16 | 22 | 28 | 35 | 41 | 48 | 55 | 61 | 68 | 75 | 82 | 88 | 95 | 102 | 109 | 116 | 123 |
| 19 | 0 | 4 | 10 | 17 | 23 | 30 | 37 | 44 | 51 | 58 | 65 | 72 | 80 | 87 | 94 | 101 | 109 | 116 | 123 | 130 |
| 20 | 0 | 4 | 11 | 18 | 25 | 32 | 39 | 47 | 54 | 62 | 69 | 77 | 84 | 92 | 100 | 107 | 115 | 123 | 130 | 138 |

\* 表中の - は，本表の有意水準では何も確定的なことが言えないことを示す。

### 付表4　各確率レベルにおける，$W$の棄却限界値（ウィルコクスン）

| | 片側検定の有意水準 | | | | | 片側検定の有意水準 | | | |
|---|---|---|---|---|---|---|---|---|---|
| | 0.05 | 0.025 | 0.01 | 0.005 | | 0.05 | 0.025 | 0.01 | 0.005 |
| | 両側検定の有意水準 | | | | | 両側検定の有意水準 | | | |
| $N$ | 0.10 | 0.05 | 0.02 | 0.01 | $N$ | 0.10 | 0.05 | 0.02 | 0.01 |
| 5 | 1 | - | - | - | 28 | 130 | 117 | 102 | 92 |
| 6 | 2 | 1 | - | - | 29 | 141 | 127 | 111 | 100 |
| 7 | 4 | 2 | 0 | - | 30 | 152 | 137 | 120 | 109 |
| 8 | 6 | 4 | 2 | 0 | 31 | 163 | 148 | 130 | 118 |
| 9 | 8 | 6 | 3 | 2 | 32 | 175 | 159 | 141 | 128 |
| 10 | 11 | 8 | 5 | 3 | 33 | 188 | 171 | 151 | 138 |
| 11 | 14 | 11 | 7 | 5 | 34 | 201 | 183 | 162 | 149 |
| 12 | 17 | 14 | 10 | 7 | 35 | 214 | 195 | 174 | 160 |
| 13 | 21 | 17 | 13 | 10 | 36 | 228 | 208 | 186 | 171 |
| 14 | 26 | 21 | 16 | 13 | 37 | 242 | 222 | 198 | 183 |
| 15 | 30 | 25 | 20 | 16 | 38 | 256 | 235 | 211 | 195 |
| 16 | 36 | 30 | 24 | 19 | 39 | 271 | 250 | 224 | 208 |
| 17 | 41 | 35 | 28 | 23 | 40 | 287 | 264 | 228 | 221 |
| 18 | 47 | 40 | 33 | 28 | 41 | 303 | 279 | 252 | 234 |
| 19 | 54 | 46 | 38 | 32 | 42 | 319 | 295 | 267 | 248 |
| 20 | 60 | 52 | 43 | 37 | 43 | 336 | 311 | 281 | 262 |
| 21 | 68 | 59 | 49 | 43 | 44 | 353 | 327 | 297 | 277 |
| 22 | 75 | 66 | 56 | 49 | 45 | 371 | 344 | 313 | 292 |
| 23 | 83 | 73 | 62 | 55 | 46 | 389 | 361 | 329 | 307 |
| 24 | 92 | 81 | 69 | 61 | 47 | 408 | 379 | 345 | 323 |
| 25 | 101 | 90 | 77 | 68 | 48 | 427 | 397 | 362 | 339 |
| 26 | 110 | 98 | 85 | 76 | 49 | 446 | 415 | 380 | 356 |
| 27 | 120 | 107 | 93 | 84 | 50 | 466 | 434 | 398 | 373 |

＊ 表中の - は，本表の有意水準では何も確定的なことが言えないことを示す。
注：統計量 $W$ は，同じ符号の順位の差のうち，小さい方を示す。いずれの $N$（参加者数またはマッチドペアの参加者数）に対しても，観測値 $W$ は当該有意水準で，表に示された値に等しいかそれより小さければ有意である。

### 付表5　各確率レベルにおける，$t$の棄却限界値（$t$検定）

|    | 片側検定の有意水準 | | | | | |
|----|------|------|------|------|------|------|
|    | 0.10 | 0.05 | 0.025 | 0.01 | 0.005 | 0.0005 |
|    | 両側検定の有意水準 | | | | | |
| $df$ | 0.20 | 0.10 | 0.05 | 0.02 | 0.01 | 0.001 |
| 1  | 3.078 | 6.314 | 12.706 | 31.821 | 63.657 | 636.619 |
| 2  | 1.886 | 2.920 | 4.303 | 6.965 | 9.925 | 31.598 |
| 3  | 1.638 | 2.353 | 3.182 | 4.541 | 5.841 | 12.941 |
| 4  | 1.533 | 2.132 | 2.776 | 3.747 | 4.604 | 8.610 |
| 5  | 1.476 | 2.015 | 2.571 | 3.365 | 4.032 | 6.859 |
| 6  | 1.440 | 1.943 | 2.447 | 3.143 | 3.707 | 5.959 |
| 7  | 1.415 | 1.895 | 2.365 | 2.998 | 3.499 | 5.405 |
| 8  | 1.397 | 1.860 | 2.306 | 2.896 | 3.355 | 5.041 |
| 9  | 1.383 | 1.833 | 2.262 | 2.821 | 3.250 | 4.781 |
| 10 | 1.372 | 1.812 | 2.228 | 2.764 | 3.169 | 4.587 |
| 11 | 1.363 | 1.796 | 2.201 | 2.718 | 3.106 | 4.437 |
| 12 | 1.356 | 1.782 | 2.179 | 2.681 | 3.055 | 4.318 |
| 13 | 1.350 | 1.771 | 2.160 | 2.650 | 3.012 | 4.221 |
| 14 | 1.345 | 1.761 | 2.145 | 2.624 | 2.977 | 4.140 |
| 15 | 1.341 | 1.753 | 2.131 | 2.602 | 2.947 | 4.073 |
| 16 | 1.337 | 1.746 | 2.120 | 2.583 | 2.921 | 4.015 |
| 17 | 1.333 | 1.740 | 2.110 | 2.567 | 2.898 | 3.965 |
| 18 | 1.330 | 1.734 | 2.101 | 2.552 | 2.878 | 3.922 |
| 19 | 1.328 | 1.729 | 2.093 | 2.539 | 2.861 | 3.883 |
| 20 | 1.325 | 1.725 | 2.086 | 2.528 | 2.845 | 3.850 |
| 21 | 1.323 | 1.721 | 2.080 | 2.518 | 2.831 | 3.819 |
| 22 | 1.321 | 1.717 | 2.074 | 2.508 | 2.819 | 3.792 |
| 23 | 1.319 | 1.714 | 2.069 | 2.500 | 2.807 | 3.767 |
| 24 | 1.318 | 1.711 | 2.064 | 2.492 | 2.797 | 3.745 |
| 25 | 1.316 | 1.708 | 2.060 | 2.485 | 2.787 | 3.725 |

|    | 片側検定の有意水準 | | | | | |
| --- | --- | --- | --- | --- | --- | --- |
|    | 0.10 | 0.05 | 0.025 | 0.01 | 0.005 | 0.0005 |
|    | 両側検定の有意水準 | | | | | |
| $df$ | 0.20 | 0.10 | 0.05 | 0.02 | 0.01 | 0.001 |
| 26 | 1.315 | 1.706 | 2.056 | 2.497 | 2.779 | 3.707 |
| 27 | 1.314 | 1.703 | 2.052 | 2.473 | 2.771 | 3.690 |
| 28 | 1.313 | 1.701 | 2.048 | 2.467 | 2.763 | 3.674 |
| 29 | 1.311 | 1.699 | 2.045 | 2.462 | 2.756 | 3.659 |
| 30 | 1.310 | 1.697 | 2.042 | 2.457 | 2.750 | 3.646 |
| 40 | 1.303 | 1.684 | 2.021 | 2.423 | 2.704 | 3.551 |
| 60 | 1.296 | 1.671 | 2.000 | 2.390 | 2.660 | 3.460 |
| 120 | 1.289 | 1.658 | 1.980 | 2.358 | 2.617 | 3.373 |
| ∞ | 1.282 | 1.645 | 1.960 | 2.326 | 2.576 | 3.291 |

注1：いずれの $df$ に対しても，観測値 $t$ は当該有意水準で，表に示された値に等しいかそれより大きければ有意である。

注2：該当するピッタリの $df$ がなければ，それに最も近い小さい方の $df$ を使う。ただし，非常に $df$ が大きい場合（120以上）、∞の行を使って良い。

## 付表6 スピアマンの $r_s$ の棄却限界値

| | 片側検定の有意水準 | | | |
|---|---|---|---|---|
| | 0.05 | 0.025 | 0.01 | 0.005 |
| | 両側検定の有意水準 | | | |
| $n$ | 0.10 | 0.05 | 0.02 | 0.01 |
| 4 | 1.000 | - | - | - |
| 5 | 0.900 | 1.000 | 1.000 | - |
| 6 | 0.829 | 0.886 | 0.943 | 1.000 |
| 7 | 0.714 | 0.786 | 0.893 | 0.929 |
| 8 | 0.643 | 0.738 | 0.833 | 0.881 |
| 9 | 0.600 | 0.700 | 0.783 | 0.833 |
| 10 | 0.564 | 0.648 | 0.745 | 0.794 |
| 11 | 0.536 | 0.618 | 0.709 | 0.755 |
| 12 | 0.503 | 0.587 | 0.671 | 0.727 |
| 13 | 0.484 | 0.560 | 0.648 | 0.703 |
| 14 | 0.464 | 0.538 | 0.622 | 0.675 |
| 15 | 0.443 | 0.521 | 0.604 | 0.654 |
| 16 | 0.429 | 0.503 | 0.582 | 0.635 |
| 17 | 0.414 | 0.485 | 0.566 | 0.615 |
| 18 | 0.401 | 0.472 | 0.550 | 0.600 |
| 19 | 0.391 | 0.460 | 0.535 | 0.584 |
| 20 | 0.380 | 0.447 | 0.520 | 0.570 |
| 21 | 0.370 | 0.435 | 0.508 | 0.556 |
| 22 | 0.361 | 0.425 | 0.496 | 0.544 |
| 23 | 0.353 | 0.415 | 0.486 | 0.532 |
| 24 | 0.344 | 0.406 | 0.476 | 0.521 |
| 25 | 0.337 | 0.398 | 0.466 | 0.511 |
| 26 | 0.331 | 0.390 | 0.457 | 0.501 |
| 27 | 0.324 | 0.382 | 0.448 | 0.491 |
| 28 | 0.317 | 0.375 | 0.440 | 0.483 |
| 29 | 0.312 | 0.368 | 0.433 | 0.475 |
| 30 | 0.306 | 0.362 | 0.425 | 0.467 |

### 付表 6 の続き

出典：Zhar (1972), 578-80. *Journal of Statistical Association* の許可を得て掲載。
Copyright © 1972 by the American Statistical Association. All rights reserved.
注：$n > 30$ の場合は、次の公式を用いて $r$ の有意性を検定できる。

$$t = r_s \sqrt{\frac{n-2}{1-r_s^2}} \quad df = n - 2$$

そして表 7 で $t$ の値を調べる。
計算された $r_s$ は示されたレベルで表の有意水準値に等しいか、それより大きくなければならない。

### 付表7　ピアソンの $r$ の棄却限界値

| df<br>($N-2$) | 片側検定の有意水準 | | | |
|---|---|---|---|---|
| | 0.05 | 0.025 | 0.005 | 0.0005 |
| | 両側検定の有意水準 | | | |
| | 0.10 | 0.05 | 0.01 | 0.001 |
| 2 | 0.9000 | 0.9500 | 0.9900 | 0.9999 |
| 3 | 0.805 | 0.878 | 0.9587 | 0.9911 |
| 4 | 0.729 | 0.811 | 0.9172 | 0.9741 |
| 5 | 0.669 | 0.754 | 0.875 | 0.8509 |
| 6 | 0.621 | 0.707 | 0.834 | 0.9241 |
| 7 | 0.582 | 0.666 | 0.798 | 0.898 |
| 8 | 0.549 | 0.632 | 0.765 | 0.872 |
| 9 | 0.521 | 0.602 | 0.735 | 0.847 |
| 10 | 0.497 | 0.576 | 0.708 | 0.823 |
| 11 | 0.476 | 0.553 | 0.684 | 0.801 |
| 12 | 0.475 | 0.532 | 0.661 | 0.780 |
| 13 | 0.441 | 0.514 | 0.641 | 0.760 |
| 14 | 0.426 | 0.497 | 0.623 | 0.742 |
| 15 | 0.412 | 0.482 | 0.606 | 0.725 |
| 16 | 0.400 | 0.468 | 0.590 | 0.708 |
| 17 | 0.389 | 0.456 | 0.575 | 0.693 |
| 18 | 0.378 | 0.444 | 0.561 | 0.679 |
| 19 | 0.369 | 0.433 | 0.549 | 0.665 |
| 20 | 0.360 | 0.423 | 0.537 | 0.652 |
| 25 | 0.323 | 0.381 | 0.487 | 0.597 |
| 30 | 0.296 | 0.349 | 0.449 | 0.554 |
| 35 | 0.275 | 0.325 | 0.418 | 0.519 |
| 40 | 0.257 | 0.304 | 0.393 | 0.490 |
| 45 | 0.243 | 0.288 | 0.372 | 0.465 |
| 50 | 0.231 | 0.273 | 0.354 | 0.443 |
| 60 | 0.211 | 0.250 | 0.325 | 0.408 |
| 70 | 0.195 | 0.232 | 0.302 | 0.380 |
| 80 | 0.183 | 0.217 | 0.283 | 0.357 |

|  | 片側検定の有意水準 | | | |
| --- | --- | --- | --- | --- |
|  | 0.05 | 0.025 | 0.005 | 0.0005 |
| df | 両側検定の有意水準 | | | |
| ($N-2$) | 0.10 | 0.05 | 0.12 | 0.001 |
| 90 | 0.173 | 0.205 | 0.267 | 0.338 |
| 100 | 0.164 | 0.195 | 0.254 | 0.321 |

出典:Powell (1976). 著者と出版社の許可を得て掲載。

注:$r$の計算値は,当該レベルで,表の有意水準値に等しいか,それを上回っていなければならない。

# 用語解説

以下の用語は本文中で最初に現れた際,および適宜に,ゴシック体で強調してある。

**一致率** concordance rate　2つの事柄の一致度あるいは関連の強さを示す。もし2つの事柄が完全に一致するなら(例:一卵性双生児の目の色),一致率は1.00となる。もし,2つの事柄間の関連が低い場合,一致率は低くなる。

**一般化可能性** generalisability　導き出された結果が,もともとの実験状況や参加者以外にも応用できるかどうかに関する問題。

**イベントサンプリング法(事象見本法)** event sampling　観察法で用いられる手法の一つ。ある出来事が生じるたびにそれを記録する。

**インターバルサンプリング法** time interval sampling　→ **タイムサンプリング法**を参照。

**インフォームドコンセント(十分な説明にもとづいた同意)** informed consent　実験の参加者への倫理的配慮。実験に参加することに同意する前に,研究の最中に何が起こるか十分に説明を受け,理解しているか。

**横断的研究** cross-sectional research　ある特定の時点で,異なる年齢のグループ(たとえば,1998年に4歳,8歳,12歳の子供)のサンプルを比較する。

**回顧的研究** retrospective study　研究者が,現在からさかのぼって,参加者に以前に何が起こったのかの情報を集める研究。

**外的妥当性** external validity　研究結果が,別の状況や将来などにどの程度応用できるかどうかを示す指標。**母集団妥当性**(population validity)としても知られている。

**カウンターバランス化(相殺化)** counterbalancing　順序効果を統制するために条件の順序を調整する手法。たとえば,ある参加者は課題Aをやってから課題Bを,別の参加者は課題Bをやってから課題Aをやるという手法。

**科学的方法** scientific method　客観的で再現可能な研究方法。仮説は客観的な

観察，または先行研究から導く。よく練られた研究デザイン（外的な要因による影響が抑えられている）で，データを体系的に正確に集め，再現可能である。

**確率** probability　ある出来事がどの程度起こりそうかを表す数（0 から 1 の間）。確率が 1 ということは，その出来事が確実に起こることを示す。確率が 0 に近いほど，その出来事は起こりそうではない。

**仮説** hypothesis　支持されることあるいは棄却されることを目的として，研究者が調査の開始時に立てる，検証可能な論述。

**片側検定** one-tailed test　**方向性検定**とも言われる。期待する結果の方向が予測されるときに，研究者がデータ分析で用いる検定。

**間隔尺度** interval level of measurement　尺度全体にわたって等間隔な単位をもつ尺度。ただし絶対ゼロ点がない（例：摂氏や華氏で測られた温度）。

**頑健** robust　テストのパラメーターを十分に満たせないときでも，十分な確率の統計的予測ができれば，その統計テストは頑健であると言える。

**観察者間信頼性**　→ 判定者間／観察者間／評定者間信頼性

**観察者のバイアス** observer bias　観察者が実際に生じたことを客観的に記録するというよりも，生じるであろうと自分が期待することを見てしまう傾向。

**機会サンプリング** opportunity sampling　ある特定の場所で，ある特定の時間に利用可能な人なら誰でも用いるサンプリング法。

**記述統計** descriptive statistics　データを整理したりまとめたりする方法。グラフ，平均，範囲などがある。

**偽装（欺き）** deception　調査中，参加者を意図的に誤解させること。実験に参加する前に，参加者に対して実験に関する十分な説明にもとづいた同意を得ないこと。

**帰無仮説** null hypothesis　得られた得点が同じ母集団から引き出されたという統計的な仮定にもとづく仮説。帰無仮説は観察された結果が偶然によって生じたものであるとする。

**客観的** objective　第三者に対して納得のゆくように例証できる真偽（**主観的**の反対）。

**群間／被験者間／参加者間デザイン** between groups/subjects/participants design　→ 独立群・尺度デザイン を参照。

**系統サンプリング** systematic sampling　母集団全体から体系的にサンプルを選出すること。学籍簿から 5 名ごとに名前を拾い上げる，10 件目ごとに訪問す

るなど。

**茎葉図** stem and leaf diagram　データを表にまとめる方法の一つ。得点の分布を示すのに役立つ。

**研究仮説** research hypothesis　特定の研究調査で生じると想定されることを予測する仮説。研究開始に先立って立てられる。

**検定力** power　帰無仮説が誤っているときにそれを却下することができるかどうかを示す統計的検定上の力。

**交差文化研究** cross-cultural study　2つあるいはそれ以上の文化（たとえば，イギリスとフランス）を比較する研究。人々がそれぞれの文化での異なる経験の影響をどのように受けるのかに目を向ける。

**構成主義** constructivism　ある出来事の意味は，個々人の経験に照らし合わせて構築され，文化差や歴史的な差異が意味の構築に影響を及ぼす，という考え。

**構造化（フォーマル）インタビュー** structured (formal) interview　常に準備された同じ質問を同じ順序で行うインタビュー。

**交絡変数** confounding variable　実験ではコントロールされないが，研究されている行動（独立変数）に影響を与える要因。たとえば，テスト部屋の外で行われている道路工事の騒音レベルの変化が，記憶実験の得点に影響を与えるかもしれない。この場合，行動の変化（記憶成績の低下）が生じても，これを研究者が生じさせた独立変数の変化のせいであると結論付けることはできないことを意味する。

**個性記述的アプローチ** ideographic approach　すべての人に応用できるような行動の一般的法則を作ろうとするのではなく，個人に特有の行動に関心をもつアプローチ。

**コーホート研究** cohort study　異なる年に生まれた参加者のグループを比較する研究。たとえば1950年代に生まれた人20人，1960年代に生まれた人20人，1970年代に生まれた20人を数年にわたって研究したとする。もし対象となっている研究が1980年に開始され，10年にわたって行われたとすると，10歳から20歳の人20人，20歳から30歳の人20人，30歳から40歳までの人20人を追跡することになる。つまり，10歳から40歳までの人をたった10年で扱うことができる。

**最頻値（モード）** mode　代表値の一尺度。最も出現頻度の高い得点。

**参加（参与）観察** participant observation　観察者が観察されているグループに

加わり，グループの活動に積極的に参加する観察の方法。

**参加者間デザイン** → 群間／被験者間／参加者間デザイン

**参加者内デザイン／被験者内デザイン** within subjects/participants design　反復測定デザインの別名。

**散布図** scattergram　2つの変数の得点関係をグラフで表示すること。

**散布度** measure of dispersion　一連の得点の「散らばり具合」の尺度（例：範囲や標準偏差）。

**サンプリング（標本抽出）** sampling　研究者が母集団から個人を選び，より小さな集団を作る過程。心理学でよく使われる抽出法に，**機会サンプリング，無作為抽出法，層化サンプリング**がある（各項目を参照）。

**サンプル（標本）** sample　母集団から得られた小集団。

**自主的／ボランティアサンプル** self-selected/volunteer sample　自らすすんで参加者となること。新聞のアンケートに回答することは自主的サンプルの一例。

**自然観察** naturalistic observation　自然な環境での控えめな観察行動。研究者は観察されている行動に介入をしない。

**自然実験** natural experiment　独立変数が，研究者の操作で変化するのではなく，自然に生じた要因で変化する実験。

**実験** experiment　研究者が1つの変数（独立変数）を操作し，もう1つの変数（従属変数）の効果を測定する方法。純粋主義者は真の実験ならば，あらゆる参加者をいかなる条件にも配置することができると主張している。

**実験群** experimental group　独立変数が操作された参加者のグループ。

**実験者バイアス** experimenter bias　研究者の期待が研究結果に影響を与えること。

**実験デザイン** experimental designs　→ 反復測定デザイン，マッチドペアデザイン，独立群・尺度デザイン，単一参加者デザイン を参照。

**実証的** empirical　観察，または実験から論理的に導くこと。

**質的研究** qualitative research　「数を集める」よりも，集められたデータの「質」（気持ち，感情，表現の仕方など）に注目する研究。

**四分位範囲** semi-interquartile range, quartile range　一組の得点の上下25％を切り捨てて残った中央部分50％のデータの範囲。

**尺度レベル（水準）** levels of measurement　データが測定される基準。尺度水準の違い—名義，順序，間隔，比例—によって，集められたデータについての異なる情報が与えられる（それぞれの項目参照）。

**従属変数** dependent variables　研究者が測定する変数。

**縦断的研究** longitudinal study　参加者を何年にもわたって研究する研究法（例：出生時から11歳まで）。

**主観的** subjective　個人の考え，好みなどにもとづいていること。

**順位** ranks　得点のリストを大きさの順に並べ，最小値にランク1，次の順位にランク2というように番号を振っていくこと。通常，**順序尺度**を使う場合に，実際に得られた尺度値の代わりに用いられる。

**準実験** quasi-experiment　研究者が参加者を条件に割り振るのではなく，自然に存在する区分（年齢，性別など）を利用して，参加者を割り振る実験。

**順序効果** order effect　実験の順序のせいで，参加者の成績が変化する可能性がある。参加者は条件1の後，疲労を感じたり，飽きてしまうため，条件2での作業の成績が悪くなるかもしれない。また逆に，条件1が練習となって条件2での作業の成績を高めることもあるだろう。

**順序尺度** ordinal level of measurement　得点を順に並べることができる尺度。

**事例研究（ケーススタディ）** case study　ある個人，または少集団の詳細な調査研究。

**信頼性** reliability　求められた結果に一貫性があること。

**スノーボールサンプル** snowball sample　その調査に適切な参加者を見つけるのが難しいとき（たとえば，違法行為について調査をしたい），まず一人から始めて，次々参加者に基準に合う人を紹介してもらう方法。つまり「雪だるま」式に参加者を募ってゆくこと。

**正規分布曲線** normal distribution curve　平均，メジアン，モードが同じ値のベル型の分布曲線。

**生態学的妥当性** ecological validity　その実験が行われた環境以外の環境に，研究の結果をどれほど一般化できるかの程度。

**正の相関** positive correlation　一つの変数が増加すれば，もう一方の変数も増加するような2つの変数間の関係。

**Z得点** z-score　→ **標準得点** を参照。

**層化（層別）サンプリング** stratified sampling　母集団に関連のあるグループの割合が，その母集団と同じになるようにサンプルを選ぶこと。たとえば，男性が母集団の60%を占めるなら，サンプルでも60%が男性になるようにする。

**相関** correlation　2つの変数にどの程度の関連があるかを示す指標。

**相関係数（**correlation coefficient　相関の強さを示す −1.00 から +1.00 までの

数値。−1.00 は完全な負の相関，0 は無相関，+1.00 は完全な正の相関を表す。

**操作化** operationalise　通常，「変数を操作化する」というように使われる。操作的定義は，使用する用語を正確に定義することであり，操作化は，変数を測定可能なように定義することを意味する。

**代表値** central tendency　一連の得点の中心（平均，中央値，あるいは**最頻地**）を指す記述統計。

**タイプⅠエラー（第一種の過誤）** Type Ⅰ error　帰無仮説が正しいにもかかわらず，帰無仮説が誤っていると結論付けること。

**タイプⅡエラー（第二種の過誤）** Type Ⅱ error　帰無仮説が誤りであったと結論づけるにふさわしい可能性があるのに，帰無仮説を棄却しないこと。

**タイムサンプリング法（時間見本法）** time sampling　一定の時間間隔をおいて参加者を研究する観察法。たとえば，5分ごとに20秒間観察する（**インターバルサンプリング法**），5分ごとの固定時点で観察する（**ポイントサンプリング法**）などがある。

**対立仮説** alternative hypothesis　帰無仮説の反対。十分に操作化された仮説であり，得られた測定値間に差異あるいは相関があると述べるもの。

**妥当性** validity　テストあるいは尺度が本来測定しようとしていることを実際に測定しているか。→ **内的妥当性，外的妥当性，テスト妥当性** を参照。

**多峰** multimodal　2つ以上のモード（最頻値）をもつサンプル。モードが2つある場合には二峰（例：2　2　2　4　6　7　7　7），3つ以上ある場合は多峰（例：1　1　1　3　4　4　4　6　8　8　8）という。

**単一参加者（被験者）デザイン** single participant/subject design　一人のみが実験の参加者となる実験デザイン。

**単純目隠し法** single blind procedure　参加者に**研究仮説**（何が研究されるのか）を知らせずに行う実験手順。

**談話分析** discourse analysis　私たちがコミュニケーションで使う言葉の背後の意味やその使い方の分析を試みる手法。たとえば，「人種浄化」と言うか「人種根絶」と言うか。どのように話すか。ためらいがちにか，自信をもってか，など。

**中央値（メディアン）** median　代表値の一尺度。一連の得点の真ん中の値。

**散らばり** dispersion　一連の得点の「散らばりぐあい」。

**テスト妥当性** test validity　あるテストが，測定しようとしていることを測定し

ているかどうか。

**デブリーフィング** debriefing　実験後，参加者に調査の目的・理由を詳しく説明すること。調査を終了したときの参加者の状態は，調査開始時と同じでなくてはならない。

**天井効果** ceiling effect　使用されたテストが簡単すぎて，すべての参加者が高い値をとってしまうため，参加者を弁別できないこと。

**統制群** control group　テストのための操作を受けないグループ。操作による影響を実験群との比較により検証する。

**独立群／尺度デザイン** independent groups/measures design　それぞれの参加者がたった1つの条件で検査される実験デザイン。**グループ間，被験者間，参加者間デザインとも呼ばれる。**

**独立変数** independent variables　研究者が操作する変数。

**内的妥当性** internal validity　内的妥当性は，得られた結果が確かに独立変数の操作によって得られたのかどうかの程度。

**内容的妥当性** content validity　あるテストの内容的妥当性が十分であれば，そこに含まれる質問は，関連するトピック全体をカバーしていることになる。

**内容分析** content analysis　映画，スピーチ，手紙などのように人間が作りだしたものの分析。そのような素材を詳細に分析することで，人々を間接的に研究することができる。たとえば，40年間の間に子供によく読まれる本がどう変化したかを分析することで，ジェンダーステレオタイプを研究することができる。

**二重目隠し法** double blind procedure　研究者と参加者の双方が，どの実験条件に振り分けられているのかわからない状態を保つ手法。たとえば，新薬の検査で，参加者の半分はその新薬を与えられ，もう半分は偽薬を与えられる。この場合，二重目隠し法では，誰が新薬を与えられたのかを参加者が知らないのはもちろん，それを配布し，その効果を測定する研究者さえも分からない。

**二峰分布** bimodal distribution　最頻値を2つもつ度数分布。

**ノンパラメトリック検定** non-parametric test　**分布によらない検定とも呼ばれる。**母集団の得点分布についての仮定を立てないからである。この検定は歪んだ非対称の分布や，**順序レベルあるいは名義レベルのデータに用いることができる。**

**バイアスのあるサンプル** biased sample　ある特定の人々が他の人びとよりも選

び出される機会が多くなる可能性のある方法で母集団から選ばれたサンプル。

**パイロットスタディ（予備調査）** pilot study　主たる研究の前に行う小規模な調査研究。

**パラメトリック検定** parametric test　特定の「パラメター」が研究中の母集団や一連の得点で満たされると想定する、数学にもとづいた推測統計的検定。これらのパラメターとは、比較するグループ間の**分散**が等質であること、データが少なくとも間隔レベルであること、そして得点が引き出された母集団の変数分布がおおよそ正規分布することである。

**範囲（レンジ）** range　最高得点から最低得点まで、得点のひろがり具合を表す測定指標。

**半構造化（インフォーマル）インタビュー** semi-structured (informal) interview　ある人がある事柄についてどう感じているのかを見つけ出すために、柔軟に質問をするインタビュー。

**反証不可能** unfalsifiable　仮説がデータによって誤りであると立証できないなら、その仮説は反証不可能である。もし何かが反証できないなら、それが真であると立証することもできないから、科学的な価値はないことになる。

**判定者間／観察者間／評定者間信頼性** inter-judge/inter-observer/inter-rater reliability　2人以上の観察者または判定者から得られた測定値がどの程度一致あるいは相関しているかの程度。

**反応セット** response set　テスト項目に同じように答える傾向。たとえば、質問表にいつも「はい」と答えるなど。

**反復測定デザイン** repeated measures design　同一参加者に複数の測定を行う実験デザイン。

**被験者間デザイン**　→ 群間／被験者間／参加者間デザイン

**非構造化インタビュー** unstructured interview　前もって決められた質問一覧を用いる代わりに、面接者がその場で自発的に質問をするインタビュー形式。

**非指示的インタビュー** non-directive interview　→ 非構造的インタビュー を参照。

**非方向性仮説** non-directional hypothesis　2つの変数間の差異や相関は予測するが、差異や相関の方向については予測しない仮説。

**標準化** standardisation　この用語には2つの使われ方がある。**標準化された手続き・教示**というときは、同じことがされ、あるいは伝えられるため、すべての参加者が研究の中で同じ経験をすることを意味する。

またこの用語は，心理テストを多数の母集団成員に実施して，通常得られる得点を表にまとめることができるようにすることに対しても用いられる。

**標準得点** standard score　個人得点が平均からどれだけ隔たっているかを標準偏差値によって表わした尺度。たとえば，標準得点が +1.5 であるということは，その得点が平均より標準偏差の1.5倍であることを示す。$Z$ 得点と言われることもある。

**標準偏差** standard deviation　得点の散らばりの尺度。標準偏差は平均からの得点の散らばりをもとに算出する。

**表面的妥当性** face validity　あるテストが，測定しようとしていることを測定しているように見えるかどうか。

**比例尺度** ratio level of measurement　尺度の間隔が均等で，最小値がゼロの尺度。秒単位で測定される時間や，グラム値で測定される重さなどがある。

**フィールド実験** field experiment　実験室ではなく，自然の状況下で実施される実験。

**フィールド調査／研究** field research/study　自然の状況下で行われる調査研究。

**負の相関** negative correlation　2つの変数において，一方が増加すると，もう一方が減少する関係にあること。

**分散** variance　得点の散らばりの指標（標準偏差の2乗）。

**分布によらない検定** distribution-free tests　ノンパラメトリック検定とも呼ばれる。推測統計の1つ。研究されている母集団の得点の分布について，あらかじめ数学的な仮定（たとえば正規分布しているなど）をしない。マン‐ホイットニーの $U$ 検定，スピアマンの順位相関など。

**平均** mean, average　代表値の一尺度。得点の合計を得点の数で割った値。

**併存的妥当性** concurrent validity　テストの結果（たとえばIQテスト）が，関連があると予想されている何か他の指標（たとえば学業成績）と合致する程度の指標。

**偏差** deviation　個々の得点と，その得点を含む一連の得点から算出される平均との差。

**変数** variable　研究の中で，変える（変化する）ことのできるもの。

**ポイントサンプリング法** time point sampling　→ **タイムサンプリング法** を参照。

**方向性仮説** directional hypothesis　2つの変数間の差または相関とその方向を予測する仮説。

**法則定立的アプローチ** nomothetic approach　行動の一般的法則を確立しようと

する方法またはアプローチ。

**母集団** population　研究のサンプルを取り出す母体となる統計的な集団。研究の結果をあてはめる対象。

**マッチドペアデザイン** matched pairs design　それぞれの条件の参加者が，その特定の研究の結果に重要だと思われる変数（例：年齢，IQ，社会的階層など）についてマッチするようにする実験デザイン。

**無作為サンプリング** random sampling　研究される母集団を構成する各個人が等しい機会のもとで選ばれる抽出法。

**名義尺度** nominal level of measurement　集められたさまざまなカテゴリーに入る数を示すだけのデータ（金髪・黒髪・赤毛，男性・女性，20歳以上・20歳以下など）。

**有意水準** significant level　帰無仮説が正しい場合に得られた結果となる確率の指標。通常，0.05 や 0.01 などの数値で表す。有意水準が 0.05 かそれより小さい場合は，帰無仮説を却下し，**対立仮説**を採択するのが慣例。これにより，集められたデータセット間に差または相関があるとみなす。

**有意性検定** significant test　帰無仮説が正しい場合（その得点セットは同じ母集団からのものである）に，集められた得点を得る確率を計算する検定。

**床効果** floor effect　用いられたテストが難しすぎて全員が非常に低い得点になってしまい，参加者を弁別できないこと。

**歪んだ分布** skewed distribution　得点が正規分布のように対称的に分布せずに，一方の側に集中する分布。

**要求特性** demand characteristics　その研究が何を調査しようとするものなのかについて，参加者が手に入れてしまうかもしれない手がかり。参加者は実験の目的や研究者が何をしたいと思っているのか推測しようとするために，要求特性が問題となる。

**予測的妥当性** predictive validity　テストの結果がその人のその後のパフォーマンスを予測するのに適切な材料となるなら，そのテストは予測的妥当性が高いと言える。

**離散尺度** discrete measurement　離散カテゴリー（生まれはイングランドか，スコットランドか，ウェールズか。歴史を勉強したか・しなかったか，など）を測定する尺度。

**両側仮説** two-tailed hypothesis　近年**非方向性仮説**と呼ばれることのほうが多くなってきている。差あるいは相関があるということを予測するが，差の方

向までは予測しない仮説。

**両側検定** two-tailed test　結果の方向を予測しない仮説のときに用いられる統計的検定。

**量的データ** quantitative data　どのくらいの量があるのか，どのくらいの時間である事象を完遂できたのかなど，量に関わるデータ。

**臨床インタビュー（面接）** clinical interview　→ 半構造化インタビュー を参照。

**臨床研究** clinical study　通常，セラピーとの関係で実施される事例研究。

**練習効果** practice effect　あるテストを以前にしたことがあるために，結果が向上すること。

**連続測定** continuous measurement　分割可能な連続尺度で測定される性質の測定。たとえば，背の高さ，反応の速度など。

**割り当てサンプリング** quota sampling　それぞれのグループにおける割合の点でサンプルと母集団がマッチするように参加者を選ぶこと。たとえば，もし国籍が重要な要因である研究をしていて，しかも調査している母集団の総数の10%がフランス人，15%がスペイン人，30%がスイス人だとしたら，サンプルとして選ばれるそれぞれの国籍の割合も同じ割合でなければならない。

# 練習問題の解答

**練習問題　1**
1．量的データ　　2．質的データ　　3．質的データ　　4．量的データ

**練習問題　2**
　日常生活の中での観察に不備が生じるのは，次のような状況があるからである。（回答例）

・限られた人数の人々についてだけ観察が行われる。
・観察される可能性が一度きりしかないものを観察している。
・その観察は，おそらくある状況下で，ある一つの下位文化のグループを対象に行われている。
・その観察は伝聞である可能性がある（その事象について，実際に見聞したのではなく，人伝えに聞いた）。
・観察者がバイアスのあるものの見方をしているかもしれない。
・その観察は注意深く計画されたものではないかもしれない。

**練習問題　3**
　**対立仮説**　ソースは大勢の料理人で作るよりも，小人数の料理人によって作られた方がおいしい。
　**帰無仮説**　大人数の料理人で作ろうと，少人数の料理人で作ろうと，ソースのおいしさに変わりはない。
（その他，ソースと料理人の人数に触れていれば上記と同じでなくても良い。）

**練習問題　4**
1．それぞれの仮説の正しい述べ方はいろありうるが，「操作化」されていなければならない。すなわち，研究する変数について述べていなくてはならない。

（a）**方向性仮説**：魚を多く食べる学生は全く食べない学生よりもIQが有意
　　　　　　　　に高い。

　　**非方向性仮説**：魚を多く食べる学生と全く食べない学生では，IQに違
　　　　　　　　　いがある。（注意：「有意」という用語を使って述べ
　　　　　　　　　ることもできる。）

　　**帰無仮説**：魚を多く食べる学生と全く食べない学生のIQに差はない。

（b）**方向性仮説**：赤ちゃんは単純な図形より人間の顔の方を長い時間見る。

　　**非方向性仮説**：単純な図形と人間の顔とでは，赤ちゃんが見る時間の
　　　　　　　　　長さに差異がある。

　　**帰無仮説**：単純な図形と人間の顔とでは，赤ちゃんが見る時間の長さ
　　　　　　　に差異はない。

（c）**方向性仮説**：土で育てたトマトはプランターで育てたトマトより多く
　　　　　　　　実をつける。

　　**非方向性仮説**：土で育てたトマトとプランターで育てたトマトでは実
　　　　　　　　　るトマトの数に違いがある。

　　**帰無仮説**：土で育てたトマトとプランターで育てたトマトでは実るト
　　　　　　　マトの数に差異はない。

（d）**方向性仮説**：11歳時のIQと16歳時のIQには，有意な正の相関がある。

　　**非方向性仮説**：11歳時のIQと16歳時のIQには，有意な相関がある。
　　　　　　　　　（注意：「有意な」は削除しても良い。）

　　**帰無仮説**：11歳時のIQと16歳時のIQには，相関がない。

（e）**方向性仮説**：バスの運賃が高ければ高いほど，バスを使用する乗客が
　　　　　　　　少なくなる。または，バスの運賃とバスの利用者数には
　　　　　　　　負の相関がある。

　　**非方向性仮説**：バスの運賃と利用者数には相関がある。

　　**帰無仮説**：バスの運賃と利用者数には相関がない。

2．（a）方向性　　（b）方向性　　（c）方向性　　（d）非方向性
　（e）非方向性

## 練習問題 5

1．独立変数＝睡眠をとらなかったか通常の睡眠をとったか（睡眠の有無）
　従属変数＝単語リストの記憶量
2．独立変数＝1マイル走るか，1マイル自動車を運転するか（移動手段）

従属変数＝反応時間
3．独立変数＝虫のサイズ
　　従属変数＝スズメが食べた虫の数
4．独立変数＝その人が参加者と同じあるいは異なる民族的背景をもっていると参加者が伝えられたかどうか（民族性の異同）
　　従属変数＝選んだ性格
5．独立変数＝グループサイズ
　　従属変数＝30分で詰めることのできた袋の数

### 練習問題 6

答えは選んだ実験によって異なる。練習問題の各項目について，グループで議論してみよう。

### 練習問題 7

1．準実験（参加者をランダムにグループ分けすることはできない）
2．自然実験（独立変数は研究者により操作されていない）
3．自然実験
4．準実験

### 練習問題 8

1．解答についてグループなどで話し合おう。
2．（a）観察法（自然観察）　　（b）観察法（参加観察）
　　（c）観察技法を用いた実験　　（d）観察技法を用いた統制された観察
　　（e）観察技法を用いたフィールド実験

### 練習問題 9

なかなか簡単ではない。答えにはある程度の幅が考えられる。重要なのは「攻撃性」をきちんと定義することと，その定義を観察しようとする行動の中で操作的に扱えるようにする方法を考えることである。

たとえば，バロン（baron, 1977）は，「攻撃性とは，そのような扱いを避けようと動機付けられている生き物に害を与える，あるいは傷つけるという目的に向かうあらゆる行動形態」と定義している。

1．もしこの定義にもとづいて研究するなら，無生物に危害を加えることは

含めないであろうし,「遊びのけんか (けんかごっこ)」も含めないだろう。(けんかごっこの場合, たたかれている人はそうされるのを「避けようと動機付けられている」だろうか。) それを避けようとする人をたたいたり, 突き飛ばしたりすることなどを含めるだろう。言葉による攻撃は含めないかもしれない。これは上記の定義に沿っているだろうか。

2．こちらは, もう少し簡単。逃げようとする生き物に対して噛んだり, 飛びかかったり, 引っかいたりすることなどを含めるだろう。

### 練習問題 10

1．解答に次のようなものを含んでいれば良い。
複数の評定者を用い, 評定者間信頼をチェックする。
競技場の条件に差がないこと。
選手にとっての試合の重要性。
一部リーグのスカウトが観戦に来ているかどうか。
天候

2．用語解説の定義を参照。

### 練習問題 11

1．**インターバルサンプリング法**：1人の子供を一定時間間隔ごとに2分間観察する。
**イベントサンプリング法**：ある特定の行動が観察されるごとに記録する。
**ポイントサンプリング法**：1人の子供を2分ごと (2分, 4分, 6分……) に観察し, いかなる攻撃的な行動も記録する。

2．ある特定の行動が攻撃的かそうでないかの評定が評定者によって異なると, 評定者間信頼性の問題が起こる。これは2人の評定者の評定を比較し, それらがよく相関しているかどうどうかを確かめることで確認できる。

3．可能な質的データとしては, 次のようなものが挙げられる。観察者による子どもの意図の解釈, 子どもにインタビューして観察されていた間の気持ちについて聞くこと, など。

### 練習問題 12

この練習問題は少人数のグループでディスカッションを行なうと良い。本文を読めば答えは出せる。

**練習問題　13**
1．答えは本文にある。
2．この問題はグループで討論してみると良い。解答は1で選ばれたインタビューのタイプにより異なる。

**練習問題　14**
1．正の相関　2．負の相関　3．負の相関　4．負の相関　5．正の相関

**練習問題　15**
1，2については，グループで話し合ってみよう。
3．テレビが安全運転の仕方について教育していると言えるかもしれないが，テレビを多く見る人は車を運転する時間があまりなく，それが事故の頻度が低い結果になっているとも言える。また，幼児のいる人はよりテレビを見るし，子どもとドライブするときには注意深く運転をする，など。このように相関の証拠はあっても，原因 - 結果の関係を想定することはできない。

**練習問題　16**
量的・質的方法の性質は研究によって大きく異なるので，明快にこれだという解答は示すことができない。ふさわしい解答について，少人数のグループなどで話し合ってみよう。

**練習問題　17**
1．反復測定デザイン　　2．独立群デザイン　　3．反復測定デザイン
4．マッチドペアデザイン　5．独立群デザイン　　6．独立群デザイン

**練習問題　18**
本文にある長所と短所について，自分の解答と照らし合わせてみよう。次のような解答が可能だろう。
1．参加者は空腹時と食事をとったばかりのときに，単語のアナグラム課題が与えられる。参加者は全員が両方の条件で参加するので，参加者間の能力差については問題にならない。しかしながら，参加者はその研究が何を調査するものなのかを予測しようとするため，結果は要求特性の影響を受けるかもしれない。同じ課題を2回行なうことがないよう，同じ難易度の

アナグラム課題のリストを2種類作成しなければならない。
2．アナグラム課題の参加者の解決能力は統制されているが，その前に必要なテストが研究を複雑にしてしまうかもしれない。アナグラム課題のリストは1つでよい。
3．この場合，グループAは練習をせず，グループBは練習を1回，グループCは練習を2回してから，アナグラム課題に取り組むとする。それぞれのグループは1セットのアナグラムだけに取り組むので，要求特性に関する問題はほとんどないといってよい。参加者全員が同じアナグラム課題を用いることができる。しかしながら，あるグループにはアナグラム課題が得意な参加者が集まり，他のグループには不得意な参加者が集まる可能性もある。

**練習問題 19**
1．研究に20年費やした後で，研究の欠陥や不備を見つけてしまうということは絶対に避けたいものだ。
2．グループ間で見つけた差異は年齢以外の変数によるものかもしれない。
3．異なる年齢グループは異なる人生経験をもっている可能性がある。同じ場所で同時期に生まれた人は文化的にも歴史的にも類似した経験をしており，その影響で類似した考えや行動を共有しているだろう。
4．解答は本文中にある。

**練習問題 20**
1．男性と女性の読者全員。
2．あらゆる猫。
3．猫を飼っているすべての人。
4．認知療法を受けているすべての広場恐怖症患者。
5．すべての1歳の赤ちゃん。

**練習問題 21**
解答は本文中にある。

**練習問題 22**
1．本文を参照。

2．歪みのあるサンプルかもしれない。ボランティアサンプル。
3．本文を参照。
4．**無作為サンプリング**：大学の学生1人1人に番号を振り，乱数表を使って，50人選び出す。

　**層化サンプリング**：男性・女性の学生，異年齢のグループ，勉強している科目などのパーセンテージを出す。無作為抽出で学生を選び，母集団全体を代表するよう，それぞれの変数を同じ比例で抽出する。たとえば，母集団の6％が40歳以上の女性であるなら，これらの女性から無作為抽出法をもちいて3人選び出す。

　**割り当てサンプリング**：上記に述べたように抽出するが，機会サンプリングを用いて選んでよい。

　**機会サンプル**：出会った順に50人，勇気をもって，参加の意思を尋ねる。

## 練習問題 23

次のような解答が可能だろう。
1．女性には，妊娠に関して男性とは話したくないトピックもあるかもしれない。
2．子どもが自分たちが見られていることに気づいて，いつもとは違ったふるまいをするかもしれない。
3．その実験を実施している女性に自分を印象付けたくて，特別に頑張ってしまうかもしれない。
4．解答を示す必要があるだろうか？

## 練習問題 24

1．参加者は，自分がメモレードを飲んでいるか偽の飲料を飲んでいるかが，わからないようにしなければならない。
2．捻挫した人が改良された湿布薬を使ったマッサージを受けているのか，今までの湿布薬でのマッサージを受けているのか，わからないようにしなければならない。さらに，彼らがどれくらいのスピードで回復しているかを判定する人も，どちらの湿布薬が使われているか，判断がつかないようにしなければならない。

**練習問題 25**

1．誰か他の人に小論文の評価をしてもらい，2つの評価が一致するかどうかを見てみよう。友人に同じ小論文を別の教師に提出してもらい，同じ評価が出るかどうかを見てみよう。
2．繰り返される発見には信頼性がある。
3．あるグループに2つの状況下で同じアンケートを実施し，似たような回答になるかどうかを調べる（テスト／再テスト信頼性）。また奇数番号の質問と偶数番号の質問への回答を比較することもできる（2分割信頼性）。

**練習問題 26**

1．妥当性はない。その時間に出かけたくなるのには幾つかの理由が考えられる。たとえば，その時間によく散歩に出かけるなど。発見に信頼性があるというだけで，妥当な測定だったということにはならない。
2．2つの結果の相関を調べる。
3．誰かがある特定の時間にどれだけ不安を感じているかを測定できるので妥当性はある。しかし，もしその人の不安が状況によってさまざまに変わるとすれば，結果もさまざまに変化するだろうから，信頼性があるとは言えない。
4．IQテストが一貫した結果を出すことができても，実際にその人のIQを測定していないことがありうる（たとえば，その人の言語能力を測定しているのかもしれない）。

**練習問題 27**

1．一方のグループではコカコーラを飲んでからペプシを飲み，もう一方のグループではペプシを飲んでから，コカコーラを飲む。
2．何人かは小論文Aを評価し，次にBを評価する。残りの何人かは小論文Bを評価してから，Aを評価する。
3．何人かは三角を見てから丸を，残りは丸を見てから三角を見る。

**練習問題 28**

1．本文と用語解説を参照。
2．解答例は次のようになる。
　（a）ランダム誤差：視力，車に興味をもっているか犬に興味をもってい

るか，コリーを飼っているか，最近，自動車事故に巻き込まれたことがあるかどうか，など。

統制：参加者をランダムに割り振るのが一番良い。
（b）恒常誤差：参加者が自動車修理工だと恒常誤差が生じるだろう。

統制：参加者を無作為抽出法で選ぶ。
（c）映像を見せる順序をカウンターバランスで行なうと良い。ある参加者には映像Aを見せてから，映像Bを見せる。残りの参加者には映像Bを見せてから，映像Aを見せる。

### 練習問題 29
（解答例）
1．欺き，インフォームドコンセントがないこと，ストレスなどが問題となる。両親，または保護者の承諾を得たか。11歳～12歳の参加者はその結果を撤回したり，その結果を使用しないように要求できるか。デブリーフィングの場は設けられているか。
2．欺き，インフォームドコンセントがないこと，ストレスなど。
3．インフォームドコンセントがないこと，ストレス，研究を途中でやめるのが難しい。デブリーフィングの場は設けられているか。
4．省略
5．省略

### 練習問題 30
（解答例）
表9‐3 数字が何を表しているのか不明。何の結果なのだろうか。得点の散らばりの尺度がない。
図9‐16 横軸に参加者が示されているため，グラフが意味の無いものとなっている。表題もない。
図9‐17 これはヒストグラムではない。縦軸にラベルがついていない。なぜ，カテゴリーが上部に示されているのか。ここには誰の好きな動物が示されているのか。

### 練習問題 31
解答が正しいかどうか，ほかの人の解答と比較してみよう。

### 練習問題 32
解答が正しいかどうか，本文を参照しよう。

### 練習問題 33a
1．本文を参照。
2．（a）平均＝8，　中央値＝6，　最頻値＝6
　　（b）平均＝6.09，中央値＝6，　最頻値＝7
　　（c）平均＝8.92，中央値＝9.5，最頻値＝12

### 練習問題 33b
1．（a）正の歪み　（b）正規分布に近い　（c）負の歪み
2．（a）二峰分布　（b）ほぼ正規分布

### 練習問題 34
1．47.72%
2．2.28%
3．68.26%
4．65点　低い（低いほうの2.28%の範囲内）
　　110点　まあまあ高い（高いほうの50%の範囲内）
　　120点　高い（高いほうの15.87%の範囲内）
　　144点　とても高い（高いほうの2.28%の範囲内）

### 練習問題 35
1．15.87%　　2．13.59%　　3．2.28%　　4．68.26%

### 練習問題 36
1．（a）グループA　範囲＝73−35＝38
　　　　　グループB　範囲＝75−30＝45
　（b）範囲は極端な値の影響を受けている。グループAもグループBも，範囲は得点分布の散らばりをそのまま示しているに過ぎない。2つの得点セットの分布の違いが反映されていない。
2．本文と用語解説を参照。
3．48超＝2.28%，36未満＝15.87%，32から40の間＝47.72%

4．(b) 30分以上＝15.87%，30〜35＝13.59%，25以下＝50%

## 練習問題 37

1．(a) 比例（また，間隔），(b) 名義，(c) 間隔，(d) 順序，(e) 名義，(f) 順序

（注　ただし，(d)(f) は研究者によって見解が分かれるかもしれない。）

2．(解答例)
（a）運転試験に誰が合格し不合格だったかを記録する。
（b）専門家が運転技能を1〜10の範囲で評価する。
（c）障害物のあるコースと無いコースで，運転に要する時間を測定する。

## 練習問題 38

1．名義データ，独立群デザイン：$\chi^2$ 検定が適切。
2．順序データ，反復測定デザイン：ウィルコクスンの符号付順位検定が適切。
3．順序データ，独立群デザイン：マン‐ホイットニーの $U$ 検定が適切。
4．順序データ，相関：スピアマンの順位相関係数が適切。
5．順序データ，相関：スピアマンの順位相関係数が適切。（使用したテストが十分に標準化されたものであれば，データは間隔データなので，ピアソンの積率相関係数が使われるべきだという統計学者もいる。）
6．記憶桁数は，桁が増えるほど，記憶するのが難しくなるため，本物の間隔データではない。したがって，順序データとみなすのが一般的である。独立群デザインなので，マン‐ホイットニーの $U$ 検定が適切だろう。（桁数の記憶は十分に間隔データに近いので，対応のない $t$ 検定を使うことも可能だという人もいるだろう。そのテストが頑健だからである。）

## 練習問題 39

1．

| 1 | 2 | 5 | 5 | 5 | 5 | 7 | 3 | 4 |
|---|---|---|---|---|---|---|---|---|
| 1 | 2 | 6.5 | 6.5 | 6.5 | 6.5 | 9 | 3 | 4 |

2．

| 10 | 14 | 13 | 14 | 10 | 9 | 13 | 11 | 12 | 15 |
|----|----|----|----|----|---|----|----|----|----|
| 2.5 | 8.5 | 6.5 | 8.5 | 2.5 | 1 | 6.5 | 4 | 5 | 10 |

3. | 1 | 3 | 5 | 1 | 7 | 3 | 1 | 8 | 2 | 1 | 1 |
   | 3 | 7.5 | 9 | 3 | 10 | 7.5 | 3 | 11 | 6 | 3 | 3 |

4. | 100 | 122 | 123 | 112 | 122 | 103 | 104 |
   | 1 | 5.5 | 7 | 4 | 5.5 | 2 | 3 |

5. | 0.1 | 0.2 | 0.8 | 0.2 | 1.2 | 0.05 | 0.7 | 0.2 |
   | 2 | 4 | 7 | 4 | 8 | 1 | 6 | 4 |

### 練習問題 40

 0.01＝1%　または 1/100
 0.025＝2.5% または 1/40
  0.20＝20%　または 1/5
 0.001＝0.1% または 1/1000
 0.005＝0.5% または 1/200

### 練習問題 41

1．0.10　0.05　0.02　0.01　0.002　0.001
2．0.10 が最も甘い。
3．0.001 が最も厳しい。

### 練習問題 42

1．解答は本文を参照。この練習問題はグループで討論すると良い。
2．解答をカテゴリー化することや例を抜粋することなど。

### 練習問題 43

（a）データは表や図で示すことができる。$\chi^2$ 検定が使える。
（b）記述統計や推測統計を使用して分析できる量的データを生み出すだろう。
（c）上と同様だが，パラメトリック検定を使用したデータの提示が有効かもしれない。
（d）答えをカテゴリー化したり，例を挙げたり，などができる。

# 文　献

Ainsworth, M.D.S., Bell, S.M.V. & Stayton, D.J.(1971) 'Individual differences in the strange situation behaviour of one-year-olds', in H.R. Schaffer (ed.) *The Origins of Human Social Relations*, New York: Academic Press.

Asch, S.E.(1955) 'Opinions and social pressure', *Scientific American* 193 (5): 31-5.

Bandura, A., Ross, D. & Ross, S.A.(1963) 'Imitation of film-mediated aggressive models', *Journal of Abnormal and Social Psychology* 66: 3-11.

Barber, T.X.(1976) *Pitfalls in Human Research*, Oxford: Pergamon.(T.X.バーバー著／古崎敬監訳 (1980)『人間科学の方法——研究・実験における10のピットフォール』サイエンス社.)

Baron, R.A.(1977) *Human Aggression*, New York: Plenum Press.(ロバート・A・バロン著／度会好一訳 (1980)『人間と攻撃』日本ブリタニカ.)

Bartlett, F.C.(1932) *Remembering*, Cambridge: Cambridge University Press.

Berry, J.W., Poortinga, Y.H., Segall, M.H. & Dasen, P.R.(1992) *Cross-cultural Psychology: Research and Applications*, New York: Cambridge University Press.

Bracht, G.H. & Glass, G.V.(1968) 'The external validity of experiments', *American Education Research Journal* 5: 437-74.

Brown, R.(1973) *A First Language: The Early Stages*, Cambridge, MA: Harvard University Press.

Burt, C.L.(1958) 'The intelligence of mental ability', *American Psychologist* 13: 1-15.

Cardwell, M.C.(1996) *The Complete A-Z of Psychology Handbook*, London: Hodder and Stoughton.

Cardwell, M.C., Clark, L. & Meldrum, C.(1996) *Psychology for A-level*, London: Harper Collins.

Clegg, F.(1982) *Simple Statistics*, Cambridge: Cambridge University Press.

Cochran, W.G.(1954) 'Some methods for strengthening common chi-square tests', *Biometrics* 10: 417-51.

Coolican, H.(1994) *Research Methods and Statistics in Psychology*, London: Hodder and Stoughton.

Dellerba, M. & Hodges, S.(1998) Unpublished coursework.

Ebbinghaus, H.(1885) *On Memory*, Leipzig: Duncker.(ヘルマン・エビングハウス著／宇津木保訳／望月衛閲 (1978)『記憶について——実験心理学への貢献』誠信書房.)

Eron, L.D., Huesmann, L.R., Brice, P., Fischer, P & Mermelstein, R.(1983) 'Age trends in the development of aggression, sex-typing and related television habits', *Developmental Psychology* 19: 71-7.

Festinger, L., Schachter, S. & Back, K.(1950) *Social Pressures in Informal Groups*, New York: Harper Collins.

Fisher, R.A. & Yates, F.(1974) *Statistical Tables for Biological, Agricultural and Medical Research*, 6th edn, London: Longman.

Gardner, B.T. & Gardner, R.A.(1969) 'Teaching sign language to a chimp', *Science* 165: 664-72.

Gilligan, C.(1982) *In a Different Voice: Psychological Theory and Women's Development*, Cambridge, MA: Harvard University Press.(キャロル・ギリガン著／生田久美子・並木美智子訳 (1986)『もうひとつの声——男女の道徳観のちがいと女性のアイデンティティ』川島書店.)

Goodall, J.(1978) 'Chimp killings: Is it the man in them?', *Science News* 165: 276.

Graebner, D.B.(1972) 'A decade of sexism in readers', *Reader Teacher* 26 (1): 52-8.

Griffin, C.(1985) *Typical Girls: Young Women from School to the Job Market*, London and New York: Routledge.

——(1991) 'Experiencing power: Dimensions of gender, "race" and class', paper presented at BPS/WIPS Women and Psychology Conference, Edinburgh University, July.

——(1995) 'Feminism, social psychology and qualitative research', *The Psychologist* 8 (3): 119-22.

Haney, C., Banks, W.C. & Zimbardo, P.G.(1973) 'A study of prisoners and

guards in a simulated prison', *Naval Research Review* 30: 4-17.
Hughes, M. (1975) 'Egocentrism in preschool children', unpublished doctoral dissertation, Edinburgh University.
Kamin, L.J. (1974) *The Science and Politics of IQ*, Harmondsworth: Penguin. (L.J. カミン著／岩井勇児訳 (1977)『IQの科学と政治』黎明書房.)
Kohlberg, L. (1969) *Stages in the Development of Moral Thought and Action*, New York: Holt.
Kohn, M.L. (1969) *Class and Conformity: A Study in Values*, Homewood, IL: Dorsey.
Latane, B. & Darley, J.M. (1968) 'Group inhibitions of bystander intervention in emergencies', *Journal of Personal and Social Psychology* 10: 215-21.
MacRae, A.W. (1994) 'Common misconceptions about statistics', ed. D. Hatcher, Proceedings of the ATP Conference, Birmingham University, July, pp.1-12.
Marsh, P., Rosser, E. & Harre, R. (1978) *The Rules of Disorder*, London and New York: Routledge.
Michaels, J.W., Blommel, J.M., Broccato, R.M., Linkous, R.A. & Rowe, J.S. (1982) 'Social facilitation and inhibition in a natural setting', *Replications in Social Psychology* 2: 21-4.
Milgram, S. (1963) 'Behavioural study of obedience', *Journal of Abnormal and Social Psychology* 67: 371-8.
Monk, A. (1991) *Exploring Statistics with Minitab*, Chichester: John Wiley.
Murstein, B.I. (1972) 'Physical attractiveness and marital choice', *Journal of Personal and Social Psychology* 22: 8-12.
Orne, M.T. (1962) 'On the social psychology of the psychological experiment', *American Psychologist* 17 (11): 776-83.
—— (1966) 'Hypnosis, motivation and compliance', *American Journal of Psychiatry* 122: 721-6.
Peterson, L.R. & Peterson, M.J. (1959) 'Short-term retention of individual items', *Journal of Experimental Psychology* 58: 193-8.
Piaget, J. (1951) *Play, Dreams and Imitation in Childhood*, trans. C. Gattegno and F.M. Hodgson, New York: Norton, 1962.
Piliavin, I.M., Rodin, J. & Piliavin, J.A. (1969) 'Good Samaritism: An underground

phenomena?', *Journal of Personal and Social Psychology* 13: 289-99.

Potter, J. & Wetherall, M. (1987) *Discourse and Social Analysis*, London: Sage.

Powell, F.C. (1976) *Cambridge Mathematical and Statistical Tables*, Cambridge: Cambridge University Press.

Robertson, J. & Robertson, J. (1971) 'Young children in brief separation: A fresh look', *Psychoanalytic Study of the Child* 26: 264-315.

Rosenhan, D.L. (1973) 'On being sane in insane places', *Science* 179: 250-8.

Rosenthal, R. (1966) *Experimenter Effects in Behavioural Research*, New York: Appleton-Century-Croft.

Schaffer, H.R. & Emerson, P.E. (1964) *The Development of Social Attachments in Infancy*, Monographs of the Society for Research in Child Development 29 (3), serial no.94.

Shields, J. (1962) *Monozygotic Twins Brought Up Apart and Brought Up Together*, Oxford: Oxford University Press.

Siegel, S. (1956) *Non-parametric Statistics for the Behavioural Sciences*, New York: McGraw-Hill.

Silverman, I. (1977) 'Why social psychology fails', *Canadian Psychological Review* 18: 353-8.

Skeels, H.M. (1966) *Adult Status of Children with Contrasting Early Life Experiences*, Monograph of the Society for Research in Child Development 31(3).

Smith, J.A. (1995) 'Qualitative methods, identity and transition to motherhood', *The Psychologist* 8 (3): 122-6.

Valentine, E.R. (1982) *Conceptual Issues in Psychology*, London and New York: Routledge.

Williams, T.M. (ed.) (1986) *The Impact of Television*, New York: Academic Press.

Zhar, J.H. (1972) 'Significance testing of the Spearman rank correlation coefficient', *Journal of the American Statistical Association* 67: 578-80.

Zimbardo, P.G., Banks, W.G., Craig, H. and Jaffe, D. (1973) 'A Pirandellian prison: The mind is a formidable jailor', *New York Times Mag.*, April 8th, 38-60.

# 索　引
（ゴシックは，用語解説にある項目）

■あ行

アインスワース，M.D.S.　32,34
アッシュ，S.E.　17,82,99
アッテンボロー，D.　29

イェーツの修正　175
一次的情報源　37
**一致率**　46,248
**一般化可能性**　19,248
**イベントサンプリング法（事象見本法）**　34,248
**インターバルサンプリング法**　34,248
インタビュー（面接）　15,25,40-44,48,88-89,221,213,220
**インフォーマルインタビュー**　41,255
**インフォームドコンセント**　20,22,248

ウィルコクスンの符号付順位検定　165-166,187-190
　――の計算　188-190
ウェザロールM.　222

エビングハウス，H.　54

円グラフ　114

**横断的研究**　53,61,248
折れ線グラフ　108
オーンM.T.　78-79

■か行

**回顧的研究**　39,248
回顧的データ　60
$\chi^2$検定　159,165-166,169-177
解釈　37
**外的妥当性**　85-86,248
ガイデッドインタビュー　41
**カウンターバランス化（相殺化）**　57,92-93,248
**科学的方法**　3,248
**確率**　9,249
**仮説**　3,226,249
片側仮説　9
**片側検定**　186,189,199,206,249
カテゴリー　150
カテゴリー化　214,222
カードウェル，M.C.　79,111
ガードナー，B.T.　39
カミン，L.J.　77
**間隔尺度**　128,152-153,163,200,249

間隔レベル　150-151,161,165-166,190
**頑健**　160,249
観察　15,25,48
観察研究　102,218
**観察者間信頼性**　27,30,255
**観察者のバイアス**　27,249
観察法　25-28
完全構造化インタビュー　43-44
観測値　171
関連サンプルデザイン　54
関連測度デザイン　54

**機会サンプリング**　67-70,249
棄却限界値表　174,180,186,189,193,196,199,202,205
**記述統計**　105,249
**偽装（欺き）**　82,102,249
期待効果　76
期待値　175
基本尺度　152
**帰無仮説**　5-9,212,249
**客観的**　249
　——な観察　3
　——なコーディング法　34
教示　92
ギリガン，C.　98
記録者間信頼性　83

グドール，J.　29
クラーク，L.　111
グラス，G.V.　86
グラフ　107

繰り返し（研究の）　216
グリフィン，C.　50,98,217
**群間デザイン**　53,249
群内デザイン　54

**系統サンプリング**　68,249
**茎葉図**　116,250
**研究仮説**　36,250
研究仮説　5-9
研究者バイアス　223
研究デザイン　227
**検定力**　160,163,250

**交差文化研究**　250
恒常誤差　94
構成概念妥当性　88
**構成主義**　50,250
**構造化（フォーマル）インタビュー**　41,222,250
構造化された自由回答インタビュー　43
**交絡変数**　22,29,94,250
個人属性　76
**個性記述的アプローチ**　37,250
**コーホート研究**　53,62,250
コーホート効果　61
コールバーグ，L.　98
コーン，M.L.　99

■さ行 ──────────
再検査信頼性　84
採点者間信頼性　84
**最頻値（モード）**　128,130,136,250

サイン検定　165-166,178-181
　——の計算　179-181
**参加（参与）観察**　26,30-31,250
参加者　40,110,227
　——の期待　77-78
**参加者間デザイン**　249
参加者内デザイン　251
算術平均　127,128
**散布図**　47,120-125,251
**散布度**　137,251
**サンプリング（標本抽出）**　36,65,251
**サンプル（標本）**　9,251
サンプルサイズ　71

ジェンダーバイアス　98
シーゲル，S.　163
**自主的サンプル**　70,251
**自然観察**　26,29,251
**自然実験**　15-16,21-22,24,68,251
**実験**　12,16,48,75,251
実験仮説　5-9,206-207
**実験群**　21,251
実験室実験　15,17-19,48
**実験者バイアス**　76,82,92,251
**実験デザイン**　18,53,164,251
実験法　15-16
**実証的**アプローチ　49,251
質的アプローチ　213
**質的研究**　16,214,251
質的データ　2,34,40,149,213-214,219,222
質的パラダイム　49

質的方法（質的研究法）　38,49-51
質問紙　15,48,88
**四分位範囲**　138-139,251
**尺度レベル（尺度水準）**　149,251
尺度を見分ける経験的ルール　153
集計値　149
**従属変数**　12,16,252
**縦断的研究**　53,60-61,252
自由度　173,196
**主観的**　252
　——な解釈　34
　——な感情　38-39
　——な判断　2
出現頻度　150
**順位**　151,252
　——付け　181
**準実験**　15,16,22-24,48,252
**順序効果**　56-57,92,252
**順序尺度**　151,153,252
順序レベル　150,165-166,181,187,190,222
シールズ，J.　77
シルバーマン，I.　51
**事例（ケース）研究**　3,25,37-40,48,213,221,252
**信頼性**　30,39,42,46,60,83-84,87,215,216,220-221,223,252
心理測定尺度　84
心理テスト　15

スキールス，H.M.　38
ステイトン，D.J.　32
**スノーボールサンプル**　70,252

スピアマンの順位相関係数　125,166,197-200
　——の計算　198-200
スミス，J.A.　215

正規曲線　132
正規性　163,165-166
**正規分布**　118,131-134,143-144,161,252
　——曲線と標準偏差　143-146
**生態学的妥当性**　19-20,86,91,252
**正（プラス）の相関**　45,84,122,197,199,252
正の歪み　118,135
**Z得点**　147,252
折半信頼性　84

**層化（層別）サンプリング**　69,252
相加平均　128
**相関**　6,15,25,44-45,48,166,200,252
　——の検定　197
**相関係数**　125,252
相関研究　107
相関的方法　44-47
**操作化**　6,219,253
操作的記述　5
操作的定義　28
測定誤差　138
測定値　149

■た行
対応のあるt検定　166,194-197
　——の計算　194-196

対応のないt検定　165-166,190
　——の計算　191-193
**代表値**　106,127,253
**タイプⅠエラー**　206,209-210,253
**タイプⅡエラー**　206,209-210,253
**タイムサンプリング法（時間見本法）**　253
**対立仮説**　5-9,206,253
ターゲット母集団　65-67,71
**妥当性**　19,30,85-89,216,253
**多峰**　130,253
単一参加者実験　38
**単一参加者（被験者）デザイン**　53-54,59,253
**単純目隠し法**　81,253
男性中心バイアス　97
談話　50
**談話分析**　15,221,253

知能テスト　154
**中央値（メディアン）**　127,129,136,253
調査方法　15
**散らばり（データの）**　106,137,162,253

適合度$\chi^2$検定　176
　——の計算　176-177
テクスト　50
テスト信頼性　84
**テスト妥当性**　85,87,253
データの記録　33
**デブリーフィング**　20,101,102,254

デレルバ，M. 103
**天井効果** 136,254

等価信頼性 84
統計的検定 9,203
統計的推測 157
**統制群** 21,254
統制された（実験的）観察 26,32-33
動物研究 104
等分散性 163,165-166
**独立群デザイン** 53,55-56,165,190,254
独立参加者デザイン 53
独立測度デザイン 53
**独立変数** 7,12,16,85,207,254
度数多角形 113
度数分布曲線 133
トライアンギュレーション（方法論的複眼） 51,216

■な行

**内的妥当性** 85,219,220,254
**内容的妥当性** 88,254
**内容分析** 15,25,35-36,48,84,221,254

二次的方法限 37
**二重目隠し法** 81,254
日記 215
二峰 130
**二峰分布** 128,131,136-137,254
人間 30

人間以外の動物 30

**ノンパラメトリック検定（分布によらない検定）** 159,163-166,254
―とパラメトリック検定の比較 164

■は行

バイアス 76,81
**バイアスのあるサンプル** 66,254
**パイロットスタディ（予備調査）** 28,36,255
箱ひげ図 117
発達心理学 59
バート，C.L. 76
バートレット，F.C. 50
**パラメトリック検定** 152,158-163,190,255
―とノンパラメトリック検定の比較 164
ハーレ，R. 30
バレンタイン，E.R. 98
**範囲（レンジ）** 111,138,162,255
**半構造化（インフォーマル）インタビュー** 41-42,255
**反証不可能** 255
判定者間信頼性 83,221,255
バンデューラ，A. 80
**反応セット** 44,255
**反復測定デザイン** 53-55,57,61,92,165,187,255

ピアジェ，J. 26,41,219,224

索 引 | 279

ピアソンの積率相関係数 125,166,200-202
——の計算 201-202
被験者 40
**被験者間デザイン** 249
**被験者内デザイン** 251
**非構造化インタビュー** 40,42,222,255
**非指示的インタビュー** 40,255
非実験法（非実験的方法） 15,25,48
ヒストグラム 111-113
ピーターソン，L.R. 49
ピーターソン，M.J. 49
**非方向性仮説** 10,255
表 106
**標準化**（手続きの） 80,92,255
——された教示 92
——された手続き 92
**標準得点** 147,256
**標準偏差** 107,138,140-146,162,256
——を求める公式 140-141
評定者 216
**評定者間信頼性** 27-28,42,83,216,255
評定法 34
**表面的妥当性** 87,89,256
ビリアビン，I.M. 19,86
ビリアビン，J.A. 86
**比例尺度** 152-153,163,200,256
比例レベル 150,152,161,165,166

**フィールド実験** 15,19,20,48,256

フィールド調査／研究 256
**フォーマルインタビュー** 41,222,250
**負（マイナス）の相関** 46,123,126,197,199,256
負の歪み 118,135
プライバシー 102
ブラウン，R. 29,60
ブラクト，G.H. 86
文化的バイアス 97
**分散** 106,139,140,162,256
**分布によらない検定** 256 → ノンパラメトリック検定

**平均** 127-128,136,256
**併存的妥当性** 87,256
ベル，S.M.V. 32
**偏差** 256
**変数** 2,12,256

**ポイントサンプリング法** 34,256
棒グラフ 112
**方向性仮説** 9,256
**法則定立的アプローチ** 37,256
**母集団** 9,161,162,257
ホッジス，S. 103
母集団妥当性 86
ポッター，J. 222
**ボランティアサンプル** 70,251

■ま行

マーシュ，P. 30
**マッチドペアデザイン** 53-55,58,

187,257
マン-ホイットニーの$U$検定 165-166,184-187
　——の計算 185-187

ミルグラム，S. 66,70,99,214
民族中心バイアス 97

無関連 46
**無作為サンプリング** 67-68,257
無相関 46,126

**名義尺度** 10,153,257
名義レベル 150,165,169,222
メディアン → 中央値
メルドラム，C. 111

モード → 最頻値
モンク，A. 162

■や行 ─────────
有意 7,204
**有意水準** 180,199,207-208,210,257
有意性 174
**有意性検定** 200,257
$U$字関係 124
**床効果** 136,257
**歪んだ分布** 118,134-135,257

**要求特性** 19-20,58,78,80,92,257
**予測的妥当性** 88,257
世論調査 69

■ら行 ─────────
ランダム誤差（確率誤差） 94-95
ランダム変数 95

リサーチ・クエスチョン 4
離散（不連続）データ 108,112
**離散尺度** 108,257
**両側仮説** 10,257
**両側検定** 189,199,206,258
**量的データ** 1,16,34,44,149,152,218,221,258
量的パラダイム 49
量的方法（量的研究法） 38,49,51
**臨床インタビュー** 41,258
**臨床研究** 258
倫理規定 100
倫理的な問題 20,99

レパートリーグリッド 215
レンジ → 範囲
**練習効果** 93,258
**連続測定** 258
連続データ 108,111

ローゼンタール，R. 77
ロッサー，E. 30
ローディン，J. 86
ロバートソン，J. 29

■わ行 ─────────
**割り当てサンプリング** 69,258

索引 281

# どんな検定を使ったらよいか

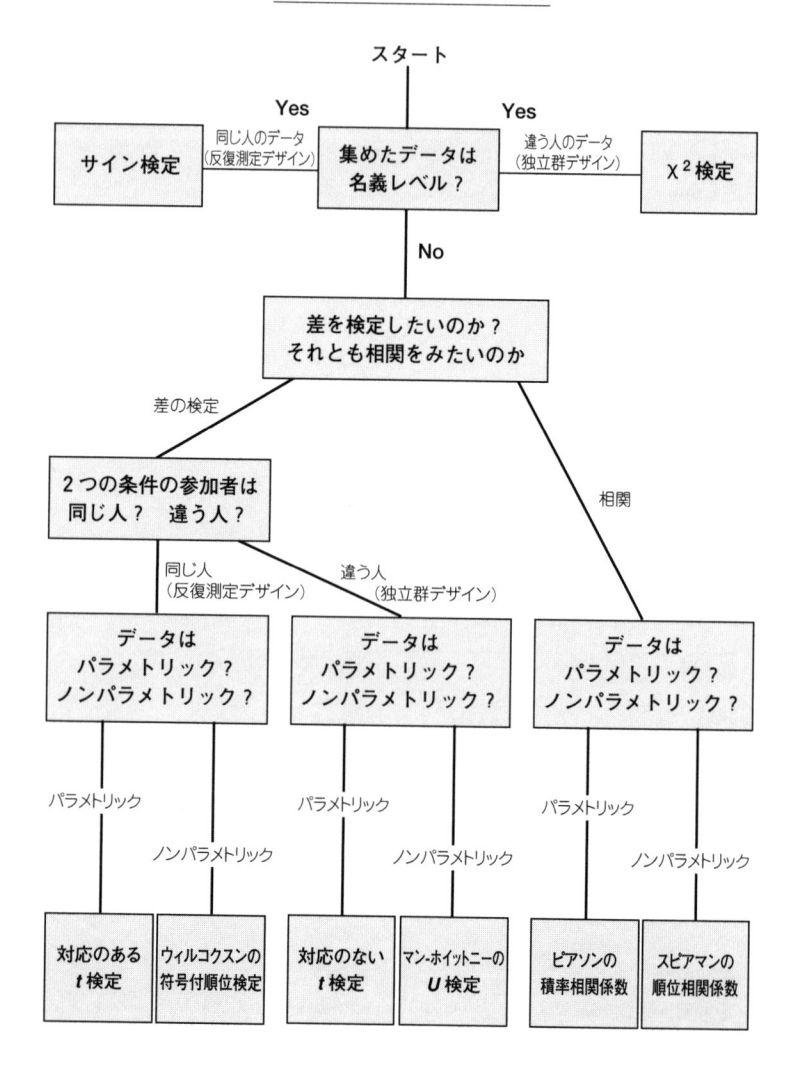

```
                              スタート
                                 │
           Yes                   │                   Yes
   ┌─────────────┐      ┌────────┴────────┐      ┌─────────┐
   │  サイン検定  │──────│  集めたデータは  │──────│ χ² 検定 │
   └─────────────┘ 同じ人│   名義レベル？   │違う人 └─────────┘
                のデータ └────────┬────────┘ のデータ
              (反復測定デザイン)   │No      (独立群デザイン)
                                 │
                    ┌────────────┴────────────┐
                    │    差を検定したいのか？    │
                    │   それとも相関をみたいのか  │
                    └────────────┬────────────┘
              差の検定     │              │    相関
                          │              │
           ┌──────────────┴─┐            │
           │ 2つの条件の参加者は │            │
           │  同じ人？ 違う人？ │            │
           └──┬──────────┬───┘            │
      同じ人  │          │ 違う人          │
  (反復測定   │          │(独立群          │
   デザイン) │          │ デザイン)        │
      ┌──────┴──┐   ┌───┴─────┐     ┌────┴────┐
      │ データは │   │ データは │     │ データは │
      │パラメトリック?│ │パラメトリック?│  │パラメトリック?│
      │ノンパラメトリック?│ │ノンパラメトリック?│ │ノンパラメトリック?│
      └─┬─────┬─┘   └─┬─────┬─┘     └─┬─────┬─┘
  パラメ│  ノンパラ│  パラメ│  ノンパラ│   パラメ│  ノンパラ│
  トリック│ メトリック│ トリック│ メトリック│ トリック│ メトリック│
    ┌───┴┐ ┌───┴──┐ ┌──┴──┐ ┌──┴──┐ ┌──┴──┐ ┌──┴──┐
    │対応の│ │ウィルコ│ │対応の│ │マン-ホ│ │ピアソン│ │スピア│
    │ある  │ │クスンの│ │ない  │ │イットニ│ │の積率 │ │マンの│
    │$t$検定│ │符号付 │ │$t$検定│ │ーの   │ │相関係数│ │順位相│
    │      │ │順位検定│ │      │ │$U$検定│ │       │ │関係数│
    └──────┘ └────────┘ └──────┘ └───────┘ └───────┘ └──────┘
```

**著者紹介**

アン・サール（Ann Searle）
イギリス，Ａレベル，ＡＳレベル・コースワーク議長。

**訳者紹介**

宮本聡介（みやもと そうすけ）
筑波大学大学院博士課程心理学研究科修了。博士（心理学）。現在，明治学院大学心理学部教授。専門は，社会心理学，社会技術論。
主要著書に，『新編社会心理学』（共著），『心理測定尺度集Ⅰ～Ⅲ』（共著），『心理学ワールド入門』（共著），『社会的認知ハンドブック』（編著），『リスクマネジメントの心理学』（共著），『JCO事故後の原子力世論』（編著），他がある。

渡邊真由美（わたなべ まゆみ）
茨城大学教育学研究科教科教育専修英語教育修了。修士（英語教育学）。現在，常磐大学国際学部准教授。専門は，英語教育，社会言語学。
主要著書に，English Language Teaching: The Case of Japan（第7章，共著）がある。

## 心理学研究法入門

| | |
|---|---|
| 初版第 1 刷発行 | 2005年 4 月25日 |
| 初版第12刷発行 | 2024年 1 月25日 |

| | |
|---|---|
| 著 者 | アン・サール |
| 訳 者 | 宮本聡介・渡邊真由美 |
| 発行者 | 塩浦 暲 |
| 発行所 | 株式会社 新曜社 |
| | 〒101-0051　東京都千代田区神田神保町3-9 |
| | 電話(03)3264-4973・FAX(03)3239-2958 |
| | e-mail info@shin-yo-sha.co.jp |
| | URL http://www.shin-yo-sha.co.jp/ |
| 印刷所 | 銀 河 |
| 製本所 | 積信堂 |

© Ann Searle, Sosuke Miyamoto, Mayumi Watanabe, 2005　Printed in Japan
ISBN978-4-7885-0943-6 C1011

# 心理学エレメンタルズ

心理学エレメンタルズは，心理学の重要なトピック，おもしろいトピックをコンパクトにまとめた，入門シリーズです。
話題を絞ってこれまでの心理学テキストより詳しく，専門書よりずっと分かりやすく書かれていて，興味と必要に応じて，自由にチョイスできます。各巻とも巻末には，重要用語の解説付き。四六判並製。

● 好評発売中

## 心理学への異議 誰による、誰のための研究か
P・バニアード 著　鈴木聡志 訳　　　　　　232頁／本体1900円

## 大脳皮質と心 認知神経心理学入門
J・スターリング 著　苧阪直行・苧阪満里子 訳　208頁／本体1800円

## 心理学研究法入門
A・サール 著　宮本聡介・渡邊真由美 訳　　　296頁／本体2200円

## 進化心理学入門
J・H・カートライト 著　鈴木光太郎・河野和明 訳　224頁／本体1900円

## 心の神経生理学入門 神経伝達物質とホルモン
K・シルバー 著　苧阪直行・苧阪満里子 訳　　176頁／本体1700円

## 健康心理学入門
A・カーティス 著　外山紀子 訳　　　　　　　240頁／本体2000円

## 論争のなかの心理学 どこまで科学たりうるか
A・ベル 著　渡辺恒夫・小松栄一 訳　　　　　256頁／本体2400円

## 授業を支える心理学
S・ベンサム 著　秋田喜代美・中島由恵 訳　　288頁／本体2400円

## 言語と思考
N・ランド 著　若林茂則・細井友規子 訳　　　202頁／本体1800円

## スポーツ心理学入門
M・ジャーヴィス 著　工藤和俊・平田智秋 訳　216頁／本体1900円

## 心の問題への治療的アプローチ 臨床心理学入門
S・ケイヴ 著　福田周・卯月研次 訳　　　　　248頁／本体2200円

（表示価格は税抜です）